新一代信息技术对职业教育的革新

王 磊 著

北京工业大学出版社

图书在版编目（CIP）数据

新一代信息技术对职业教育的革新 / 王磊著. — 北京：北京工业大学出版社，2020.12（2023.2重印）
ISBN 978-7-5639-7825-0

Ⅰ. ①新… Ⅱ. ①王… Ⅲ. ①信息技术－影响－职业教育－教育改革－研究－中国 Ⅳ. ① G719.21

中国版本图书馆CIP数据核字（2020）第271309号

新一代信息技术对职业教育的革新
XINYIDAI XINXI JISHU DUI ZHIYE JIAOYU DE GEXIN

著　　者:	王　磊
责任编辑:	郭志霄
封面设计:	知更壹点
出版发行:	北京工业大学出版社
	（北京市朝阳区平乐园100号　邮编：100124）
	010-67391722（传真）　bgdcbs@sina.com
经销单位:	全国各地新华书店
承印单位:	三河市元兴印务有限公司
开　　本:	710毫米×1000毫米　1/16
印　　张:	12
字　　数:	240千字
版　　次:	2020年12月第1版
印　　次:	2023年2月第2次印刷
标准书号:	ISBN 978-7-5639-7825-0
定　　价:	56.00元

版权所有　翻印必究

（如发现印装质量问题，请寄本社发行部调换 010-67391106）

前　言

随着以计算机、多媒体、通信、网络、人工智能等为代表的信息收集、处理、加工、传输等技术的飞速发展，信息技术不断渗透到社会生活的各个领域和各个方面，在全球范围内改变着人们的生产方式、生活方式和思维方式，人类跨入了一个崭新的时代——信息化时代。面对滚滚而来的信息化浪潮，世界各国高度重视信息技术对社会、教育与个人的影响和作用，重新调整教育的培养目标，制定教育改革方案，采取相应措施加快推进信息技术教育，以全面提高公民特别是青少年的信息素养，培养适应信息化社会的人才。所以，我们要探索信息技术教育、教学规律，寻求合适的教学方法、策略，以适应社会的发展。

信息技术在职业教育教学工作中的有效应用能提高教学效率，能给予教师更多的帮助，能让教师在教学工作中有更多的选择余地。利用信息技术，教师可将抽象的知识点具象化到学生面前，让学生加强理解的同时加深记忆，并可节约大量教学时间，使学生能够有更多的时间和空间进行自主探究，有效提高学生的个人能力，实现素质教育的目标要求。

本书首先分析了信息技术相关内容，以及信息技术对教育的影响，然后探讨了信息技术与课程整合、教育信息化与职业教育信息化、职业教育信息化教学模式、职业教育信息化教学设计与教学评价，最后重点分析了新一代信息技术发展与职业教育，主要包括云计算与职业教育、物联网与职业教育、大数据与职业教育、虚拟现实与职业教育，以及人工智能与职业教育等内容。

本书直接或间接地汲取、借鉴了一些中外学者的成功经验与学术成果。在此，作者向相关学者表示最诚挚的谢意。由于时间仓促和作者水平有限，书中难免存在不足之处，敬请广大读者批评指正。

目 录

第一章　信息技术概述 ·· 1
　　第一节　信息与信息技术 ·· 1
　　第二节　信息技术对教育的影响 ··· 11

第二章　信息技术与课程整合 ··· 17
　　第一节　信息技术与课程整合概述 ·· 17
　　第二节　信息技术与课程整合的理论 ·· 23
　　第三节　信息技术与课程整合的形态 ·· 39

第三章　教育信息化与职业教育信息化 ·· 47
　　第一节　教育信息化 ··· 47
　　第二节　信息化教育 ··· 54
　　第三节　职业教育信息化教学的理论基础 ································ 65
　　第四节　职业教育教师的信息化教学能力 ································ 77

第四章　职业教育信息化教学模式 ·· 81
　　第一节　职业教育信息化教学模式概述 ···································· 81
　　第二节　信息化教学的典型模式与案例 ···································· 88

第五章　职业教育信息化教学设计与教学评价 ························· 121
　　第一节　信息化教学设计概述 ·· 121
　　第二节　职业教育信息化教学设计 ·· 125
　　第三节　职业教育信息化教学评价 ·· 146

1

第六章　新一代信息技术发展与职业教育 ·················· 153
　第一节　云计算与职业教育 ····························· 153
　第二节　物联网与职业教育 ····························· 158
　第三节　大数据与职业教育 ····························· 163
　第四节　虚拟现实与职业教育 ··························· 170
　第五节　人工智能与职业教育 ··························· 174

参考文献 ·· 185

第一章 信息技术概述

第一节 信息与信息技术

一、信息的概念和特征

（一）信息的概念

"信息"一词自古有之，其源于拉丁文，英文为"information"。

信息的含义十分丰富，人们从不同的角度有不同的理解。归纳起来，大致有如下几种观点：

①从通信的角度解释。信息论的奠基人之一申农把物理学中的数学统计方法应用于通信领域，提出："信息是在通信的一端（信源）精确地或近似地复现另一端（信宿）所挑选的消息。"

②从信息是什么来定义。维纳指出："信息既不是物质，又不是能量，信息就是信息"。这个定义说明信息是区别于物质、能量的另一个构成世界的重要因素。

③从信息的内容秉性——知识性来定义。信息是事物表现的一般形式，是表征事物的一种知识。

④从信息接收者的角度定义。从信息接收者的角度看，信息是熵的减少，是用来消除不确定性的东西的，是对有序、组织程度的度量，是物质发展到一定阶段，即有机物阶段的产物。一个客观事物，通过物质载体所发出的消息、情报、指令、数据、信号等，对于不同的接收者来说所含的信息量是不同的，这需要看接收者是否因此消除或减少了对该事物抱有的不确定性。

⑤从信息处理的角度定义。从这个角度上看，有学者认为"信息是针对某种特定目的而对数据含义的一种解释"。这个定义针对的问题是数据处理，信

息隐含于数据中，针对某种特定的目的，可以由数据解释出其含义，只有解释后的数据才含有适用的信息。

⑥从符号学的角度定义。信息是用符号来描述的。从这一角度，信息又被分为语法信息、语意信息、语用信息三种。语法信息反映传递信息符号的结构形式，语意信息反映信息符号所表达的内容与含义，语用信息反映信息符号所表达的内容与含义对使用者的作用。信息论借用符号学中的这些术语来研究信息。

以上有关信息的概念从不同的侧面反映了信息的某些特性。然而随着时间的推移，时代将赋予信息新的含义。也就是说，信息还是一个动态的概念。现代"信息"的概念，已经与半导体技术、微电子技术、计算机技术、通信技术、网络技术、多媒体技术、信息服务业、信息产业、信息经济、信息化社会、信息管理、信息论等紧密地联系在一起。

我们既要研究如何优化信息的形式，又要研究如何优化信息的内容。就此意义而言，我们认为《应用信息经济学》一书在综合考虑了信息各种特征的基础上，给出了一个相对精准的定义：信息是客观世界中各种事物的变化和特征的最新反映以及经过传递后的再现。信息是通过一定的物质载体形式反映出来的，是事物存在的状态、运动形式、运动规律及其相互联系、相互作用的表征。

（二）信息的特征

1.信息存在的依附性、普遍性与客观性

信息是物质的属性，物质是信息的源泉。如果世界没有物质的存在，信息就会失去其存在的根基。而自从有了人类，社会中就不可避免地充斥着人与自然、人与人之间的关系，以及人们在社会交往过程中所产生的物质交换的关系。在交换过程中，信息依附于物质，随物质的产生而产生，并随物质的消亡而毁灭。因此，物质是信息存在的载体。

信息不仅存在于自然界，也存在于人类社会；不仅存在于物质世界，也存在于精神世界；不仅存在于有机界，也存在于无机界。它可以是自然规律的反映，也可以是人类社会活动的表现；可以是物质的特征和物质运动状态的反映，也可以是人类大脑思维的结果；可以是有机界进行交往的手段，也可以是无机界向外传递消息的信号。总之，信息是普遍存在的，存在于世界的每个角落，作用于人类认识世界的每个阶段。

信息的物质依附性、普遍存在性，决定了信息的客观存在性。即信息是不以人的意志为转移的，它是客观的，可以被人们认识、获取、加工、存储、交换和利用，也可以存在于人类的未知领域。随着科学技术和人类思维能力的发展，未被认知的信息也可以被转换为已知信息，从而为人类社会和经济发展服务。

2. 信息运动的储存性、传递性与共享性

信息既可以压缩，又可以扩散；既可以光速传播，又可以渗透到其他各个学科和各种劳动资料中去。它使接收者得益而给予者未受任何损失。它在时间和空间上创造了人类共享精神财富的客观条件，是使今天世界变小了、科学变大了的主要原因。信息在运动过程中，由于时间和空间的限制，我们必须对其进行存储，以备后用。由于信息的物质依附性，它可以以物质的方式存储，也可以以大脑记忆的方式存储。随着信息技术的发展，信息的存储方式更加多样化，不仅可以以文本形式存储，也可以以影像或声音等形式存储于电脑的磁盘或光盘上。

信息要发挥其真正的作用和价值，就必须在恰当的时候传递给有需要的人。随着信息技术和网络通信技术的快速发展，人们能够异时异地传递信息，并且信息传递量越来越大，传递空间也越来越广。未来信息技术的继续发展，一定能够使信息的传递更加快捷、高效、准确、及时，给信息的应用开辟新的天地。

信息是可以储存的。信息可以转换成不同形式储存在不同的介质之中。这一特性决定了信息资源的积累与膨胀。

信息具有共享性。与物质和能量不同，信息具有不守恒性，即它具有扩散性。在信息的传递过程中，对信息的持有者来说，他们并没有任何损失。这就体现了信息的一个重要特性——共享性。正是由于这种共享性，信息才区别于物质和能量，成为驾驭当今社会的又一种基本要素。

3. 信息产生的主观性、加工性与可开发性

信息虽普遍存在但并非凭空而生，它的产生不仅依靠物质载体，而且必须通过人类的主观意识。物质本身不是信息，只有在人类思维基础上能够被人类所感知的内容才称为信息。在信息产生的过程中，人类的主观意识是非常重要的，它是信息产生的必要条件。

人类感知客观事物所获得的初始信息（一次信息）一般是不能直接使用的，由于信息表现形式的多样化以及信息的客观存在性，人类要利用信息并充分发挥其价值，必须根据需要对初始信息进行加工处理。其加工可以是简单的数学

运算，也可以是信息的重组或形式变换，还可以是利用计算机功能进行的信息的排序与生成。

信息的可开发性指其在被加工之后，还可以将其从不同侧面、不同时期、不同领域有针对性地进行拓展和外延。例如，某领域的信息可通过附加限制条件应用于其他领域。信息开发的原则以事实为基础，以价值增值为目标，以合理开发为准则。

二、信息技术的定义

同"信息"一样，"信息技术"目前也没有一个准确而又通用的定义。为了研究和使用的方便，学术界、管理部门和产业界等都根据各自的需要和理解给出了自己的定义，共计有数十种之多。从这些定义也可以看出，人们对信息技术的理解经历了不同的发展阶段。

第一阶段，人们认为信息技术就是计算机的硬设备；第二阶段，人们开始认识到计算机软件的重要性，于是认为信息技术是计算机硬件和软件的结合；第三阶段，随着通信技术的不断发展，人们认为计算机技术和通信技术的结合才是信息技术；第四阶段，人们认识到利用控制技术可以改变外部事物的状态，控制事物的运动方式，于是认为完整的信息技术应当是通信技术＋计算机技术＋控制技术，即目前国际上比较流行的"信息技术就是3C技术"的提法。所谓"3C"，即"Communication""Computer""Control"。

如上所述，人们对信息技术的理解有一个逐步深入的过程：从计算机硬件技术到"计算机硬件技术＋软件技术"，再到"计算机软硬件技术＋通信技术"，再到最后的"3C"技术，逐步完善和丰富了信息技术的内涵和外延。

当今的信息技术在某些方面已经超过了人脑，如记忆能力、计算能力等方面，但在许多方面，仍然逊色于人脑，如文字识别、语音识别、模糊判断、模糊推理等方面。尤其重要的是，人脑可以通过自我学习、自我组织、自我适应来不断提高信息处理的能力，而存储程序式计算机的所有能力都是人们通过编制程序赋予给它的，与人脑相比它是机械的、死板的和无法自我提高的。

针对以上问题，人们从多年以前就开始研究智能理论与技术，探索人脑信息处理的机制，以便用机器更好地模拟人脑的功能。通过几十年的努力，智能理论与技术已经取得了很大进展。正是这些进展为信息技术的智能化奠定了基础。

目前，国内学术界对信息技术的定义大多是从功能方面来揭示其本质的，比较有代表性的定义有以下几种：

①信息技术是借助以微电子学为基础的计算机技术和电信技术的结合而形成的手段，对声音的、图像的、文字的、数字的和各种传感信号的信息进行获取、加工处理、存储传播和使用的能动技术。

②信息技术是在计算机和通信技术支持下用以获取、加工、存储、变换、显示和传输文字、数值、图像、视频、声频以及声音信息的，包括提供设备和提供信息服务两大方面。

③信息技术是人类在生产斗争、科学实验、认识自然和改造自然过程中所积累起来的获取信息、传递信息、存储信息、处理信息以及使信息标准化的经验、知识、技能和体现这些经验、知识、技能的劳动资料的有目的的结合过程。

④信息技术是在信息加工和处理过程中使用的科学技术、工艺原理和管理技巧及这些原理和技巧的应用；是计算机同人和机器的交互作用。

⑤信息技术是管理、开发和利用信息资源的有关方法、手段与操作程序的总称。

⑥信息技术是能够延长或扩展人的信息能力的技术。

对于本书来说，我们主要研究信息技术在教学中的应用，因此可以认为：信息技术是人类对数据、语言、文字、声音、图画和影像等各种信息进行采集、处理、储存、传输和检索的经验、知识及其手段、工具的总和。

三、信息技术的分类

对信息技术进行分类，即根据需要从不同的角度来对信息技术所包含的基本内容进行划分。

①根据信息技术是否有实物的表示形式而将信息技术分成"硬"信息技术和"软"信息技术两大类。"硬"信息技术如同计算机硬件一样，是已经转化成具体信息设备的信息技术，如复印机、电话机、数码相机、电子计算机和通信卫星等；"软"信息技术类似计算机软件，是人类在长期信息活动中积累形成的有关信息采集、处理、检索等方面的经验、知识、方法与技能，如语言、文字、信息调查技术、信息组织技术、统计技术、预测与决策技术和信息标准化技术等。

②根据信息技术组成的基本元素可以将信息技术分为感测技术、通信技术、智能技术及控制技术。感测技术，包括传感技术和测量技术。它是人类感觉器官功能的延伸，使人们可以更好地从外部世界提取有用的信息。通信技术，包括信息的空间传递技术和时间传递技术。它是人类传导神经系统传递功能的延伸。智能技术，包括计算机硬件技术、软件技术、人工智能技术和人工神经网

络技术等。它是思维器官功能的延伸。其目的是更好地处理和再生信息。控制技术，包括调节技术和自动控制技术。其功能是根据输入的指令信息对外部事物的运动状态和运动方式实施干预，以便更好地应用信息。它是效应器官功能的延伸。

③根据一定的次序划定等级，信息技术又可分为主体信息技术和应用信息技术。主体信息技术，包括感测技术、通信技术、计算机技术和控制技术等。其中通信技术和计算机技术是整个主体信息技术的核心部分。应用信息技术，是针对各种实用目的，由主体信息技术繁衍而生成的各种应用技术，亦即由主体信息技术通过合成、分解和应用生成的各种具体的实用信息技术。目前，应用信息技术广泛渗透到工业、农业、军事、教育、科学文化等各个领域，构成了一个完整的应用技术体系。

④从信息系统功能的角度，可将信息技术划分为信息输入输出技术、信息描述技术、信息存储检索技术、信息处理技术和信息传播技术。

⑤按照专业信息工作的基本环节或流程可将信息技术分为信息获取技术、信息传递技术、信息存储技术、信息检索技术、信息加工技术和信息标准化技术等。

以上从不同角度对信息技术进行的划分都不是绝对的。在大多数情况下，各行业、各领域人们的研究目的和使用习惯不同，因此会有不同的划分方式。弄清了信息技术的划分，我们可以此为基础来构建信息技术的体系结构。

四、信息技术的发展历程

凡是能扩展人类信息利用能力的技术都是信息技术。伴随着人类社会的发展，信息技术经历了从低级到高级的发展历程，并在此过程中发生多次重大变革。从古至今，人类共经历了四次信息技术的重大革命。每次信息技术的革命都对人类社会和科学技术的发展产生巨大的推动作用，而科学技术的进步又会带来新的信息技术革命。

（一）语言的诞生

人类赖以生存的地球已经运转了几十亿年，古猿人大约在几百万年前就已出现，而现代人类只有几万年的历史，自从 4 万年以前诞生语言之后，人类社会才获得迅速的发展。语言是一种以语音为物质外壳，以语义为意义内容，音义结合的符号系统。人类把无意义的语音按照各种方式组合起来，成为有意义的语素，再把为数众多的语素按照各种方式组合成话语，用无穷变化的形式来表示变化无穷的意义，形成复杂的语言系统。在语言没有诞生之前，人类没有真正意义上的信息交流工具。谁也说不清语言是什么时候产生的，哪一个民族最先使用语言，但可以肯定，语言的产生是由于人类信息交流的迫切需要，从而增加了手势交流的信息含量，方便了人类的生产互助合作。语言的诞生可视为人类历史上出现的第一次信息技术革命，它标志着人类开始从猿进化成人。语言是人类早期社会特有的信息交流与加工工具，人类依靠语言表达并辅以动作比画进行信息交流，采用结绳记事的方法记录和存储信息，掐指计算是当时信息处理的主要方式。

语言是人类传递信息的工具，是人类保存认识成果的载体。但是，随着社会的不断发展，单纯依靠语言的信息交流和处理方式逐渐不能满足信息传递的需要。这种交流方式表达的信息量少，传播范围小，人类在社会生活中积累的经验、发生的事件只能通过口传的方式进行传承，容易失传和失真，这限制了当时社会的进一步发展。

（二）字符与印刷——信息技术的第一次飞跃

在劳动中，人类又逐步地创造了文字符号，这使人类语言外化，实现了人类信息发展史上的第二次变革。信息的符号化，虽然并没有使人类的信息处理发生实质性的变化，却使人类的信息传递和存储发生了革命性改变，第一次超越了人类自身的生理局限和时间、空间的限制。以前仅靠传输或图腾记录的方式流传的故事和生产、生活经验，现在可以用文字准确地记录下来，传至永远。

早先的人们用甲骨、木竹简等来做文字记录，以保存信息。公元105年，东汉蔡伦以树皮、破布、废麻之类的原料，制成了质量较好的纸。这种造纸技术一直沿用到18世纪。当纸得到广泛应用后，手书的效率问题就凸显出来，所以印刷术作为扩展与延伸人类手写信息功能的技术，理所当然地出现在最早发明纸张的中国。较早的印刷术大约是隋唐时期的雕版印刷术。到了北宋，毕昇又发明了活字印刷术，基本解决了传播信息的需要问题，完成了人类发展史上的第二次信息变革。印刷术的发明，使人类信息（特别是文字和图画信息）传递的速度快速增大、范围急剧地扩展，人类存储信息的能力进一步加强，并初步实现了广泛的信息共享。同时也可以说，印刷术的出现是这个时期信息技术最耀眼的成就，它使文字信息的复制方法从低效率的手工抄写飞跃到大批量的印刷，造就了信息处理技术的第一次飞跃。

有了信息储存载体和记录工具，人们开始以书信这一崭新的更加有效的方式传递信息。除此之外，在古代人们还广泛地使用了其他手段，如用漂流瓶、信号标等来进行信息的传递，用壁画、图形等来存储有关信息，这些方法的粗糙和简单，只能让世人感叹"明日隔山岳，世事两茫茫"。

（三）电子技术的出现

19 世纪，电话、电报、广播、电影、电视等现代通信技术和传播技术相继问世，人类进入利用电磁波传播信息的时代。电话、电报弥补了古老的邮政制度信息传递速度缓慢的缺陷，延展了呼喊、烽火等传递信息的距离，为人类提供了简便、快捷、直接传递信息的手段，使信息能瞬间传递到几万公里以外。广播、电影、电视的信息传播形式与电话、电报和邮件传递的明显区别在于，采取的是"一对多"的信息广播传递方式。这些技术的诞生开创了信息传播技术的新局面，使信息传播的范围拓宽了，信息获取的时间缩短了，人们可以在众多的信息中选择所需信息，开阔了人们的视野。

通信是人与人之间通过某种媒体进行的信息交流与传递，从广义上说，无论采用何种方法，使用何种媒介，只要将信息从一地传送到另一地，均可称为通信。通信技术是提高人类信息交流与信息传递能力的技术。所谓现代通信技术则是采用最新的技术来不断优化通信的各种方式，其让人与人的沟通更加便捷、有效，并随着科技的不断发展而发展。

现代数据通信技术主要有数字通信技术、程控交换技术、信息传输技术、通信网络技术、宽带接入技术等。20 世纪后期以来，现代通信技术得到迅猛发展，手持移动通信装置正以惊人的速度普及。"任何人可以在任何时间任何地方同任何人通信"的时代已经到来。进入 21 世纪，移动通信逐渐成为全球信息高速公路的重要组成部分。

（四）计算机技术与互联网

20 世纪 40 年代，第二次世界大战促进了信息技术的长足发展，电子电路以及元件理论和生产技术均达到很高的水平。这时，设计电子计算机的主要技术已经具备，又由于战争急需高性能、复杂度高的新式武器，其又需要有更高速的计算工具来进行设计与计算。1946 年，现代社会的"天之骄子"世界上第一台电子计算机诞生了。从此之后，计算机技术发展可谓日新月异，它的应用激发了信息技术的巨大潜能。

我们知道，在人类信息技术的漫长发展历史中，尽管信息传输（传递）、信息储存技术无时无刻不在发生变化和进步，然而，信息处理一直是在人的直接参与下，或者说是完全由人脑来完成的，计算机的出现彻底地改变了这一状况。如今，借助计算机，人类完全可脱离人脑来有效地加工处理信息。计算机技术是现代信息革命的先导，也是现代信息技术的核心。

随着计算机的发展与普及，人们希望能够共享存储在计算机中的数字资源以及快速传递数字信息。于是，人们将计算机与现代通信技术完美结合，即利用通信设备和线路将地理位置不同的、功能独立的多个计算机系统互联起来，形成了计算机网络，并逐渐演化为国际互联网。互联网是一种全球性的计算机互联网络，通过这个网络，人们可以与远在千里之外的朋友相互发送邮件、共同完成一项工作、共同娱乐。可以说，互联网是人类历史发展中的一个伟大的里程碑，它正在对人类社会的文明悄悄地起着越来越大的作用。"信息高速公路"是互联网发展的高级阶段，它能在全球甚至更大的范围内传输图文并茂的多媒体信息，用以把政府机构、企业、大学、科研机构和家庭的计算机联网，采取双向交流形式。计算机及互联网的问世又一次掀起了人类社会信息技术革命的巨大浪潮。这次信息技术革命使人类进入了一个崭新的历史时代——信息社会时代。

五、信息技术的发展趋势

作为现代化科学技术发展方向的信息技术，其发展十分迅速，不断出现新的成果。目前信息技术的发展趋势有以下几点。

①数字化。信息社会是以计算机和网络信息技术为基础的，计算机处理的信号和计算机网络上所传输的信号都是数字化的。现实世界是一个充满模拟量信息的世界，这些模拟量信息包括声音、影像、热量、压力、移动等。已经或正在数字化，是这些模拟量信息的发展走向。数字化具有很多模拟量所无法比拟的优势，如数字化的电视不会被干扰，数字化的声音会特别清晰。目前，全球电子产品正迅速实现数字化，我们周边的数字移动电话、汽车动力方向盘、数字化指纹识别仪等只是其中的几个代表。

②网络化。信息社会最大的特征就是信息的极大丰富和信息共享，而所有的这一切都离不开网络的快速发展。随着信息社会的进一步发展，一定会有更多的信息系统联入网络，成为网络中的新成员，因为只有这样，我们才能充分享受信息时代带给我们的便利，才能充分利用各种信息来改变我们的生活。网络化是信息技术发展的基础与环境。

③交互化和协作化。网络等信息技术为人们的各项交流创造了一个虚拟空间。人们在这个虚拟的空间中，可以消除真实的时空距离，突破时空限制。其

也为信息化教育管理主体和客体之间的对话提供了一个交互界面。一方面,信息化教育管理主体可以根据信息反馈来调整自己的作用方式和行为程序,及时地了解信息化教育管理客体的需求与教育的最新发展趋势,保持信息化教育管理工作的持续性、独特性;另一方面,信息化教育管理客体可以通过与信息化教育管理主体的及时交流,提出自己的要求,并随现实情况的变化向信息化教育管理主体提交自己的信息。也就是说,信息技术的交互性,使信息化教育管理的主客体可以像面对面一样交流。这种交互性,在信息化教育管理主体之间或客体之间突出地表现为协作性。因为任何一个信息化教育管理主体或客体都不是孤立地存在的,他往往同其他主体或客体有着紧密的联系。为了完成某项任务或满足一定的需求,信息化教育管理主体或客体往往不是单独开展活动,而是相互沟通与协作,共同来完成任务,实现自身需求的。这种协作往往表现为教育行政部门、各地区、各学校之间的合作与相互帮助。

④综合一体化。将多种媒体信息有机地组合到一起,共同表现一个事物或过程,实现"图、文、声"等的一体化,这就是我们常说的多媒体技术。

⑤智能化。从技术的角度讲,智能化就是自动化,就是通过一系列智能技术使设备或者系统部分具有人的智能,从而能够部分地代替人的劳动,这是信息技术发展的目的。

⑥个性化。个性化的影响已经越来越大,一些厂商相继推出了相应的产品和服务,而时尚化、健康化等系列产品也正是个性化的某种实现形式。通过网络,人们可以将自己的需求发布出去,厂商可以通过其网站或定制系统获得用户的需求资料,从而进行大批量或单件生产。可以说,个性化是信息技术所取得的最为伟大的成就之一。

当前,世界各国对教育的发展给予了前所未有的关注,都力图在未来的信息社会中在教育方面走在前列。为此,世界各国都把信息技术教育应用作为教育发展的重要推动力。比如,美国推出教育技术创新计划,澳大利亚有教育网计划,日本进行中小学联网试验,韩国开展"教育革命"等。所有这些举措都在向我们说明一个问题:信息技术的发展将为教育的发展创造良好的机遇。特别是在外语教学中广泛应用信息技术,可以丰富传统的教学手段,增加信息传递的方式、方法,极大地提高外语教学的效果和效率。

第二节 信息技术对教育的影响

现代信息技术对教育的影响，不单纯是改变了教学的程序和方法或是教学的手段和工具，而是对教育的思想、目标、观念、模式、内容和方法产生了深刻的影响。当技术被置于社会文化的情境中时，其对教育所带来的影响是全面而深刻的。

一、社会信息化对教育目标的影响

随着信息时代科学技术的飞速发展，知识量急剧膨胀，知识更新速度空前加快，人类生活逐步数字化，社会高度信息化，信息素养和体现传统文化基础的"读、写、算"共同成为信息时代的科学文化素养，信息方面的知识与能力被纳入教育的目标中，自主学习和终身学习的能力以及创新能力成为教育的重要目标。

（一）信息社会要求培养学习者自主学习的能力和终身学习的能力

据联合国教科文组织的统计，人类近30年来所积累的科学知识占有史以来积累的科学知识总量的90%，而在此之前的几千年中所积累的科学知识只占10%。知识的爆炸式增长和快速更新，从客观上要求学校教育要从以传授知识为主转变为以培养学生的自主学习能力与终身学习能力为主，要使学习者学会学习，具备自我更新知识结构的能力。为此，"国际21世纪教育委员会"于1996年向联合国教科文组织提交了一份报告，该报告全面论述了教育改革与发展的各个方面，在理论与实际相结合的基础上提出了迎接新世纪新挑战的对策。该报告的核心内容是提出了"教育的四大支柱"的新构想，认为要适应未来生活的发展，教育目标必须围绕"学会认知、学会做事、学会共同生活、学会生存"这四种基本学习能力来重新设计、重新组织。"四大支柱"首先强调的就是学会认知，强调让学生掌握认知的手段、方法，即学生学会自己去发现知识，自己去获取和更新知识，而不是学习知识本身。

（二）信息社会要求培养学习者的创新能力

面对世界科技的飞速发展和知识更新速度的不断加快，学习者不仅需要具有终身学习的能力，还需要具备较强的创新意识和创新能力。创新已经成为世界各国教育改革的焦点和核心，创新人才的培养已成为教育的重要目标。国际

21世纪教育委员会在向联合国教科文组织提交的报告《教育——财富蕴藏其中》中提出："必须给教育确定新的目标……教育的任务是毫不例外地使所有人的创造才能和创造潜力都能结出丰硕的果实……这一目标比其他所有的目标都重要"。教育在培育创新精神和培养创造型人才方面肩负着特殊的使命。

（三）信息社会要求学习者具备良好的信息素养

伴随着信息时代的来临，信息素养作为一个新的概念，正在引起世界各国越来越广泛的重视，它是信息时代人才的一种必备能力，在信息社会中已和体现传统文化的"读、写、算"方面的知识与能力一样重要，它也是评价人才综合素质的一项重要指标。那么，什么是信息素养呢？信息素养不仅包括利用信息技术工具和信息资源的能力，还包括获取和识别信息、分析与评价信息、传递与创造信息的能力，更为重要的是包括以独立学习的态度和方法、强烈的社会责任感和参与意识，将已获得的信息用于问题的解决和思维的创新的综合信息能力。由此可见，信息素养蕴含着技术和人文两层含义：从技术上来讲，信息素养反映了人们利用信息技术工具的操作技能；从人文方面而言，信息素养又反映了人们对信息的认识和态度，以及正确的信息伦理道德修养和社会责任感。为了适应信息社会的学习、工作与竞争的需要，为了不被信息社会所淘汰，学习者必须具备良好的信息素养。

为培养适应信息化社会的人才，很多国家都在重新调整本国教育的培养目标。

日本在1996年从信息社会对人才培养的要求以及基础教育现实发展中存在的问题出发，把培养学生的"生存能力"（即分析解决问题的素质和能力）作为21世纪教育的发展方向，并指出学生应具备正确选择、加工、处理信息的能力和自主思考的能力。

澳大利亚教育部门指出，未来是一个信息化社会、信息化文化、信息化工作的时代，教育应着重培养七项"学以致用"的关键能力：①收集、分析、组织信息的能力；②表达想法与分享信息的能力；③规划与组织活动的能力；④团队合作的能力；⑤应用数学概念与技巧的能力；⑥解决问题的能力；⑦应用科技的能力。

新加坡资讯科技教育的主要目标就是培养学生的创新思考能力，鼓励学生独立学习，掌握寻找全球资讯的能力，确保每个学生都有机会接触资讯技术。

国际21世纪教育委员会向联合国教科文组织提交的报告中指出，能支持现代人在信息时代有效地工作、学习和生活的四种最基本的学习能力为学会认知、学会做事、学会共同生活（与他人一起生活）、学会生存。为了应付各种全球性的危机和适应未来社会的发展，教育必须围绕这四种学习能力来重新设计、重新组织。

由此可见，面对知识急剧增长和知识创新进度不断加快的信息社会，各国纷纷将培养学生信息能力、不断学习的能力和创新性地解决问题的能力作为教育的重要目标。

二、信息技术对课程的影响

信息技术的飞速发展和科学技术的日新月异，不仅对教育目标提出了新的要求，也深刻地影响了课程的内容和呈现方式，拓展了课程设计的范畴，使课程更具开放性和个性化。

（一）信息技术极大地拓展了课程的内涵

如今课程内容不再局限于固定化的形式，而是以信息资源的状态而存在。每个个体所获得的课程内容都是依据原有知识结构和发生的体验而形成的。课程内容更符合信息社会文化和人才的要求。

传统意义上的一门课程，往往就是一本教学大纲（含教学计划）、一本教材，课程实施就是讲授教材上的内容。而现代信息技术支持下的课程，除了有教学大纲和教学计划、教材外，还包括以信息技术为基础的学习资源、教学资源、教学工具等，如 VCD 光盘、电视节目、多媒体教学软件、网络课程、丰富的网络资源等。基于网络技术的支持和信息共享平台，教与学不再受到地域的限制和时间的限制，课程内容可以不断更新。

（二）信息技术丰富了课程的呈现方式

现代信息技术解决了大信息量的记录、存储、传输、显示和加工等问题，多媒体技术将文本、声音、图片、动画、音频和视频等进行有效的整合，使课程以更加丰富和多媒体化的形式呈现。这改变了课程呈现方式单一的局限性，使学习者能够真正实现对信息的多感觉通道加工，有助于学习者建立起对当前信息的准确表征以及与当前事物的丰富联系，提高了学习者感知、记忆和思维的效果。对于特定的教学内容、教学对象而言，这种更为新颖、更为形象和直观的学习材料，还可以有效地激发学习者的学习兴趣和学习动力。

（三）信息技术使个性化的课程成为可能

一方面，信息的高度共享使个体搜索个性化的信息成为可能，也赋予学习者更多选择的机会与权利，使课程可以更好地满足学习者的个性化需要。另一方面，多媒体呈现的学习资源，可以使具有不同认知方式的学生根据自己的特点选择适当的学习方式，特别是一些仿真探索空间、虚拟实验、电子书包等，其个性化的程序、过程和进度可以激起大部分学生的学习兴趣，适合不同学生的学习风格，可以满足个体的心理需要和认知需要，也有利于学生进行主动性、创造性学习。

三、信息技术对教育过程与方法的影响

教育的过程和方法从来没有离开过技术，只不过随着媒介的变化技术表现出不同的形态。信息技术对教育过程和方法的影响既是显性的，表现为教学环境、手段以及教学组织形式的变化，又是隐性的，蕴含着教育观念、教学方式的变化。

（一）信息技术创建了交互丰富的多媒体环境

传统教学围绕教师的"教"来构造教学环境。"黑板+粉笔"是主要的教学工具，幻灯机、投影仪等现代教育媒体只不过是教师讲解的辅助工具。无论配置多么先进的教学设备和仪器，其目的都是营造一个良好的"信息展示"的环境。而信息时代的教学则需要为学生创设有利的信息获取和探索环境，这将有助于学生自主、探究、合作学习，幻灯机、投影仪、计算机、网络等的合理结合成为现代教学环境创建的强大技术支持，基于手机等移动终端进行移动学习也正在成为一种新的学习方式。

（二）信息技术对教与学方式的影响

传统教学中，教师是教学的主体，是知识的传播者，而信息时代的教师应该是学生学习的"向导"，教师的作用是及时而有效地对学生的学习给予帮助。学生所需要的帮助不只是简单地传递和获得信息，而是要把所获得的信息转化为自己能够运用的知识和能力。信息技术的最新成果使得学生与教师能够同时获得多种最新的教学信息。比如，基于网络的远程学习，学习者只要具备上网条件，就可以与教师一起学习。教师的主要任务除了要研究如何传输自己掌握的知识外，更多的是要持续更新和拓展自己的知识，分析和研究学习者可能发生的种种学习困难，思考和设计出有助于学习者学习的系统科学方法。

因此，作为教育者，当我们在审视信息技术为教育所带来的冲击时，不应仅仅将认识停留于纷繁多样的技术工具和手段的应用以及教学方式的改变上，而应深刻认识到高度信息化的社会对人才素质提出的新要求，对教育提出的新挑战以及对课程与教学的影响，这样我们才能认识信息技术对教育的全方位的、深刻的影响，也才可能在教育中更有效地运用信息技术，以培养信息时代所需的人才。

第二章 信息技术与课程整合

信息化是当今世界经济和社会发展的大趋势，以多媒体和网络技术为核心的信息技术已成为提高人类能力的创造性工具。信息技术与课程整合是我国面向 21 世纪基础教育改革的新视点，是与传统的学科教学有着密切联系，既具有一定的继承性，又具有一定相对独立性的新型教学类型，对它的研究与实施将对发展学生主体性、创造性，培养学生创新精神及提高学生实践能力具有重要意义。

第一节 信息技术与课程整合概述

信息技术与课程整合意味着在已有课程的学习活动中使用信息技术，以便更好地完成课程目标、培养学生创新精神和提高学生实践能力。信息技术只有通过在各学科教学中的有效应用，真正实现信息技术与课程的有效整合并取得显著成效，才能促进教育的改革与发展。

一、信息技术与课程整合的发展历程

自从 1959 年美国 IBM（国际商用机器公司），研发出第一个计算机辅助教学系统以来，信息技术与课程整合大体上经历了以下三个发展阶段。

1. 计算机辅助教学（CAI）阶段

这个阶段大约是从 20 世纪 50 年代末至 20 世纪 80 年代中后期，是信息技术教育应用的第一个发展阶段。该阶段主要是利用计算机的快速运算、图表动画和仿真等功能帮助教师解决教学中的某些重点、难点问题。CAI 课件大多以演示为主。

2. 计算机辅助学习（CAL）阶段

这个阶段大约是从 20 世纪 80 年代中后期至 20 世纪 90 年代中后期。该阶

段逐步从以教为主转向以学为主，也就是强调以计算机作为辅助学生学习的工具。例如，用计算机帮助学生搜集资料、辅导学生自学、帮助学生制订学习计划等，即不仅用计算机辅助教师的教，更强调用计算机辅助学生的学。

3. 计算机与课程整合（ITTC）阶段

这个阶段大约是从20世纪90年代中后期开始，该阶段不仅将以计算机为核心的信息技术用于辅助教或辅助学，而且更强调要利用信息技术创建理想的学习环境、全新的学习方式和教学方式，从而彻底改变传统的教学结构与教育本质。

二、信息技术与课程整合的含义

信息技术指信息产生、加工、传递、利用的方法和技术。信息技术包括计算机技术、网络技术、微电子技术、通信技术等。信息技术条件下的教学手段以多媒体计算机和网络为代表。整合指一个系统内各要素的整体协调、相互渗透，可使系统各要素发挥最大效用。信息技术与课程整合就是在各学科教学中，有效地使用信息技术，达到提高教育质量和学习效率的目的。

目前，对于信息技术与课程整合概念的界定，不同的研究者从不同的视角提出了不同的看法，主要有以下几种观点：

华南师范大学李克东教授认为，信息技术与课程整合就是在教学过程中把信息技术、信息资源、信息方法、人力资源和课程内容有机结合，使其共同完成课程教学任务的一种新型的教学方式。整合的三个基本点：一是要在多媒体和网络为基础的信息化环境中实施课程教学活动；二是对课程教学内容进行信息化处理后使其成为学习者的学习资源；三是利用信息化加工工具让学生进行知识重构。

北京师范大学何克抗教授认为，所谓信息技术与学科课程的整合，就是通过将信息技术有效融合于各学科的教学过程中来营造一种新型教学环境，实现一种既能发挥教师主导作用又能充分体现学生主体地位的以"自主、探究、合作"为特征的有效教与学，从而把学生的主动性、积极性、创造性充分地发挥出来，使传统的以教师为中心的课堂教学结构发生根本性变革，进而使学生的创造精神与实践能力的培养真正落到实处。整合的三个基本属性：营造新型教学环境、实现有效教与学、变革传统教学结构。

三、信息技术与课程整合的特点

信息技术与课程整合的最基本特点：有先进的教育思想、有教学理论的指导、有学科交叉性和立足于能力的培养。具体表现在以下几个方面：

1. 任务驱动式的教学过程

信息技术与课程整合以各种各样的主题任务来驱动教学，我们要有意识地开展信息技术与其他学科（甚至多学科）相联系的横向综合的教学。例如，目前的网络游戏，刚进去玩时，系统一般都会提供一系列的新手任务，当你完成这些新手任务后，该游戏的基本操作你也就基本学会了，可以说这也是教育技术在游戏中的体现。所以学生在完成任务的同时，也就完成了学习目标所要求掌握的知识和技能。

2. 信息技术作为教师、学生的基本认知工具

在信息技术与课程整合中，强调信息技术服务于学科的内在需求，信息技术应服务于具体的任务。信息技术作为认知工具主要有以下几个方面的作用：作为课程学习的资源工具；作为情境探究和发现的学习工具；作为协商学习和交流讨论的通信工具；作为知识构建和创作的实践工具；作为自我评价和学习的反馈工具。通过信息技术与课程的整合，信息技术能够恰当地融入课程的教学中去，成为教师和学生的基本认知工具。

3. 能力培养和知识学习相结合的教学目标

信息技术与课程整合要求学生学习的重心不再仅仅放在学会知识上，而是转到学会学习、掌握方法和培养能力上，包括培养学生的信息素养。强调能力的培养也是我国新课程改革的重中之重，就是要求教师在教会学生知识的同时注重学生能力的培养，所以新课程改革的教材和现在的示范课有些内容或程序总有点儿"多此一举"，但其实这都是学生能力培养所必要的、必需的，这也需要广大教育工作者的认真落实。

4. "教师为主导、学生为主体"的教学结构

在信息技术与课程整合的教学结构中，强调学生的主体性，要求充分发挥学生在学习过程中的主动性、积极性和创造性。学生被看作知识建构过程的积极参与者，学习的各项任务和目标都需要靠学生主动、有目的地获取材料来完成和实现。教师是教学过程的组织者、指导者、促进者和咨询者，教师的主导作用可以使教学过程更加优化。教师是教学活动的重要组成部分。

5. 个别化学习和协作学习的和谐统一

信息技术能够为我们提供一个开放性的实践平台，每一位学生在这个平台上都可以采用不同的方法、工具来完成同一个任务。这种个别化教学策略对于发挥学生的主动性和进行因人而异的学习是很有帮助的。社会化大生产的发展，

要求人们具有协同工作的精神，除此之外，一些高级认知任务，如复杂问题的解决、作品评价等，都要求多个学生能对同一问题发表不同的观点，协作完成任务。

四、信息技术与课程整合的目标与原则

信息技术与课程整合强调信息技术要服务课程，应用于教育：其出发点首先应当是课程，而不是技术，强调应当设法找出信息技术在哪些地方能增强学生学习的效果，能使学生完成那些用其他方法难以完成的任务，在高水平地实现既定的课程教学目标的同时，获得信息技术技能以及解决实际问题的技能。

（一）信息技术与课程整合的目标

信息技术与课程整合不是某个教师的个人行为，而是网络时代教育改革、发展的必然要求。基于信息时代教育变革这一契机，信息技术与课程整合的目标必然是多元化的，主要有以下几个方面：

1. 培养学生终身学习的态度和能力

学习资源的全球共享，虚拟课堂、虚拟学校的出现，现代远程教育的兴起，使人们可以随时随地通过互联网进行学习，学习空间变得无界限了。教育信息化还为人们从接受一次性教育向终身学习转变提供了机遇和条件。终身学习就是要求学习者能根据社会和工作的需求，确定继续学习的目标，并有意识地自我计划、自我管理、自主努力，通过多种途径实现学习目标的过程。

要实现终身教育和终身学习，教育必须进行深刻的变革：要使教学个性化、学习自主化、作业协同化；要把培养学生学会学习，培养学生终身学习的态度和能力作为培养目标。

2. 培养学生良好的信息素养

教育信息化为终身学习带来了机遇，学生只有具备良好的信息素养，才能把终身学习看成自己的责任，才能利用信息技术促进自身的学习。信息技术与课程整合正是培养学生形成所有这些必备技能和素养的有效途径。信息素养包括信息意识与情感、信息道德、信息科学知识、信息能力四个方面。

①信息意识与情感。信息意识是整个信息素养的前提，指个体对信息的敏感度。这要求个体具有敏锐的感受力和持久的注意力，能够意识到信息的作用，对信息有积极的内在需求。作为信息素养的重要组成部分，信息意识主要包括敢用与想用两个方面；而信息情感则更加偏向于对信息技术的态度和兴趣方面。

②信息道德。信息道德是个体把握信息素养的方向。个体在信息活动中不应危害社会或侵犯他人的合法权益。

③信息科学知识。信息科学知识是个体具有信息素养的基础，指对信息学的了解和对信源以及信息工具的掌握。

④信息能力。信息能力从狭义上来说，指个体对信息系统的使用以及获取、分析、加工、评价、创造、传递信息的能力；从广义上来讲，除了上述能力以外，还应该包含语言能力、思维能力、观察能力、判断能力等间接能力。广义上所讲的间接能力是个体在获取、分析、加工、评价、创造和传递信息的全过程中间接地表现出来的能力，它起着必不可少的支持作用。

3. 培养学生掌握信息时代的学习方式

在信息化学习环境中，人们的学习方式发生了重要的变化。信息技术与课程整合，其实质就是要让学生学会数字化学习。数字化学习具有三个要素：数字化学习环境、数字化学习资源和数字化学习方式。学习者的学习主要不是依赖教师的讲授与课本的学习，而是利用信息化平台和数字化资源，教师、学生之间开展协商讨论、合作学习，学生通过探究知识、发现知识、创造知识、展示知识的方式进行学习。因此，通过信息技术与课程整合，我们要使学生掌握以下几种信息时代的学习方式：

①会利用数字化资源进行学习。
②会在数字化情境中进行自主的学习。
③会利用网络通信工具进行协商交流，以及合作讨论式的学习。
④会利用信息加工工具和创作平台进行实践创造的学习。

（二）信息技术与课程整合的原则

信息技术与课程整合，是将信息技术有机地融入各学科教学过程中。但整合不等于混合，在利用信息技术之前，教师要清楚信息技术的优势和不足，并了解学科教学的需求。在整合过程中，教师要设法找出信息技术在哪些地方能提高学习的效果，从而使学生用信息技术来完成那些用其他方法做不到或做得不好的学习任务。

1. 运用适合的学习理论指导信息技术与课程整合的实践

现代学习理论为信息技术与课程整合奠定了坚实的理论基础，在教与学的层面上，每一种理论都具有其正确性的一面。但是，在教学实践中，没有一种理论具有普适性，无论哪一个理论都不能替代其他理论而成为唯一的指导理论。

行为主义学习理论，在需要机械地记忆知识或具有操练和训练教学目标的学习中凸显出来。

认知主义学习理论的指导作用则主要体现在激发学生的学习兴趣、控制和维持学生的学习动机。

建构主义学习理论，提倡给学生提供建构所需要的环境和广阔的建构空间，让学生自主地学习。如利用信息技术进行适当的内容重复，帮助学生记忆知识；利用信息技术设置情境，让学生便于意义建构。

2.根据学科特点构建信息技术与课程整合的教学方法

每个学科都有其固有的知识结构和学科特点，它们对学生的要求也是不同的。

语言教学用来培养学生应用语言的能力，主要培养学生在不同的场合，正确、流利地表达自己的想法，更好地与别人交流的能力。

数学属于逻辑经验学科，主要由概念、公式、定理、法则以及应用问题组成，教学的重点应该放在开发学生的认知潜能上。

物理和化学，则是与人们的生产、生活密切相关的学科，在教学中，要注意学生的观察能力、解决问题的能力和做实验的能力的培养。这两个学科需要培养学生的操作能力，如果用计算机的模拟实验全部代替学生的动手实验，就会违背学科的特点，背离教学目标中对培养学生动手能力的要求。

3.根据教学对象选择信息技术与课程整合策略

信息技术与课程整合应该根据不同的教学对象，实施多样性、多元化和多层次的整合策略。对于学习类型和思维类型不同的人来说，他们所处的学习环境和所选择的学习方法将直接影响其学习效果。如有的学生不能主动地对外来信息进行加工，喜欢有人际交流的学习环境，需要明确的指导。而有的学生在认知活动中，则更愿意独立学习，个人进行钻研，更能适应结构松散的教学方法和个别化的学习环境。

五、信息技术与课程整合的方法

（一）信息技术与课程整合的基本要求

信息技术与课程整合是一种信息化的学习方式，其根本宗旨是培养学习者在信息化的环境中，能够利用信息技术实现课程学习的目标并掌握终身学习的本领。因此，学校对信息技术与课程整合的组织教学模式和策略进行研究十分必要。信息技术与课程整合，应符合如下基本要求：

①学习是以学生为中心的，学习是个性化，能满足个体需要的。
②学习是以问题或主题为中心的。
③学习过程是进行通信交流的过程，学习者之间是协商、合作的。
④学习是具有创造性和生产性的。

（二）信息技术与课程整合的策略

为了满足上述提到的信息技术与课程整合的基本要求，信息技术与课程整合的基本策略必须包括以下几个方面：

①利用信息化学习环境和资源，创设情境（包括自然、社会、文化、各种问题情境以及虚拟实验环境），培养学生的观察、思维能力。

②利用信息化学习环境和资源，借助人机交互技术和参数处理技术，建立虚拟学习环境，培养学生积极参与、不断探索的精神和促进学生掌握科学的研究方法。

③利用信息化学习环境和资源，组织协商活动，培养学生合作学习精神。

④利用信息化学习环境和资源，创造机会，让学生运用语言、文字表述观点、思想，形成个性化的知识结构。

⑤利用信息化学习环境和资源，借助信息工具平台，尝试创造性实践，提高学生信息加工处理能力和表达交流能力。

⑥利用信息化学习环境和资源，提供给学习者自我评价反馈的机会。学生通过形成性练习、作品评价等方式获得学习反馈，并根据反馈结果调整学习的起点和路径。

第二节 信息技术与课程整合的理论

信息技术与课程整合是信息技术教育应用发展的新历史阶段，也是教育教学领域的一场深刻革命，更是深化学科教学改革的根本途径。但是如果信息技术与课程整合不能在科学的理论指导下进行，那么有效的整合是难以实现的。我们认为，建构主义理论、多元智能理论和混合式学习理论对目前信息技术与课程整合实践活动具有重要的理论指导意义。

一、建构主义理论

虽然一般认为，建构主义的理论基础是在半个世纪以前由皮亚杰和维果斯基等学者奠定的，但是这种理论开始在世界范围内流行，并产生较大的影响，还是20世纪90年代以后的事情。建构主义之所以在当代兴起是与多媒体和网络技术（尤其是互联网）的逐步普及密切相关的。正是多媒体与网络技术为建构主义所倡导的理想学习环境提供了强大的物质支持，才使建构主义理论走出心理学家的"象牙塔"，开始进入各级各类学校的课堂，成为支持多媒体与网络教学以及"信息技术与学科课程整合"的重要理论基础的。

（一）建构主义理论概述

当今建构主义的一些基本思想实际上并非全新的观点，其中的很多思想都有着深厚的哲学和心理学根基。早在18世纪文艺复兴时期，意大利哲学家、人文主义者维柯在他的《新科学》一书中就明确提出了"建构"的思想，指出人们要清晰地理解他们自己建构的一切。但是真正对建构主义思想的形成、发展产生深远和深刻影响的当推瑞士心理学家皮亚杰和苏联心理学家维果斯基。

皮亚杰是认知发展领域最具影响力的一位心理学家，他所创立的关于儿童认知发展的学派被人们称为"日内瓦学派"。皮亚杰的理论充满唯物辩证法，他坚持从内因和外因相互作用的角度来研究儿童的认知发展。他认为，儿童是在与周围环境相互作用的过程中，逐步建构起关于外部世界的知识，从而使自身认知结构得到发展的。儿童与环境的相互作用涉及两个基本过程——同化与顺应。同化指把外部环境中的有关信息吸收进来并融合到自己已有的认知结构（也称"图式"）中，即个体把外界刺激信息整合到自己原有认知结构内的过程；顺应指外部环境发生变化，而原有认知结构无法同化新环境提供的信息时所引起的个体认知结构的重组与改造的过程，即个体的认知结构因外部刺激的影响而发生改变的过程。可见，同化是认知结构数量的扩充（图式扩充），而顺应则是认知结构性质的改变（图式改变）。认知个体（儿童）通过同化与顺应这两种形式来实现与周围环境的平衡：当儿童能用现有图式去同化新信息时，他处于一种平衡的认知状态；而当现有图式不能同化新信息时，平衡即被破坏，而修改或创造新图式（即顺应）的过程就是寻找新的平衡的过程。儿童的认知结构就是通过同化与顺应过程逐步建构起来，并在"平衡—不平衡—新的平衡"的循环中得到不断的丰富、提高和发展的。这就是皮亚杰关于建构主义的基本观点。

在皮亚杰建构主义理论的基础上，科尔伯格在认知结构的性质与发展条件等方面做了进一步的研究；斯腾伯格和卡茨等则强调个体的主动性在建构认知结构过程中的重要作用，并对认知过程中如何发挥个体的主动性做了认真的探索；维果斯基创立的"文化历史发展理论"则强调认知过程中学习者所处社会文化历史背景的作用，在此基础上以维果斯基为首的维列鲁学派深入地研究了"活动"和"社会交往"在人的高级心理机能发展中的重要作用。所有这些研究都使建构主义理论得到进一步的丰富和完善，为其实际应用于教学过程创造了条件。

国外对建构主义思想的集中研究大约始于20世纪80年代后期。1989年末美国佐治亚大学教育学院邀请国内研究建构主义的若干著名学者围绕"教育中的新认识论"问题进行讨论，他们从不同角度对传统认识论提出质疑，并由此形成了有关认识与学习的六种不同的建构主义流派：激进建构主义、社会建构主义、社会文化认知观、社会建构论、信息加工建构主义和控制论系统观。尽管建构主义流派纷呈，但总体上它们是与客观主义相对立的一种认识论，其最核心的观点是"人类的知识是主观建构的而不是客观存在继而被发现的"。

（二）建构主义学与教的理论

建构主义学习理论强调以学生为中心，不仅要求学生由外部刺激的被动接受者和知识的灌输对象转变为信息加工的主体、知识意义的主动建构者，而且要求教师要由知识的传授者、灌输者转变为学生主动建构意义的帮助者、促进者和引导者。可见在建构主义学习环境下，教师和学生的地位、作用已发生了很大变化。

1. 关于学习的含义

建构主义学习理论认为，知识不是通过教师传授得到的，而是学习者在一定的情境即社会文化背景下，借助教师和学习伙伴等其他人的帮助，即通过人际间的协作活动，利用必要的学习资料，采用意义建构的方式而获得的。由于学习是在一定的情境即社会文化背景下，借助其他人的帮助而实现的意义建构过程，因此建构主义学习理论认为"情境""协作""会话"和"意义建构"是学习环境中的四大要素或四大属性。学习中的"情境"必须有利于学生对所学内容的意义建构，"协作"发生在学习过程的始终，"会话"是协作过程中不可缺少的环节，"意义建构"是整个学习过程的最终目标。

①情境。学习中的"情境"必须有利于学生对所学内容的意义建构。这就对教学设计提出了新的要求，也就是说，在建构主义学习环境下，教学设计不仅要考虑教学目标，还要考虑有利于促进学生意义建构的情境创设问题，并把情境创设看作教学设计的最重要内容之一。

②协作。"协作"发生在学习过程的始终。协作对学习资料的搜集与分析、假设的提出与验证、学习成果的评价直至意义的最终建构均有重要作用。

③会话。"会话"是协作过程中不可缺少的环节。学习小组成员之间必须通过会话商讨完成规定的学习任务。此外，协作学习过程也是会话过程，在此过程中，每个学习者的思维成果（智慧）为整个学习群体所共享，因此会话是达到意义建构目的的重要手段之一。

④意义建构。"意义建构"是整个学习过程的最终目标。所谓建构的意义就是事物的性质、规律以及事物之间的内在联系。在学习过程中帮助学生建构意义就是要帮助学生对当前学习内容所反映的事物的性质、规律以及该事物与其他事物之间的内在联系形成较深刻的理解。这种理解在大脑中的长期存储形式就是前面提到的"图式"，也就是关于当前所学内容的认知结构。

由以上所述的"学习"的含义可知，学习的质量是学习者建构意义能力的函数，而不是学习者重现教师思维过程能力的函数。换句话说，获得知识的多少取决于学习者根据自身经验去建构有关知识意义的能力，而不取决于学习者记忆和背诵教师讲授内容的能力。

2. 关于学习的方法

建构主义提倡在教师指导下的、以学习者为中心的学习，也就是既强调学习者的认知主体作用，又不忽视教师的指导作用，教师是意义建构的帮助者、促进者，而不只是传授者和灌输者，学生是信息加工的主体，是意义的主动建构者，而不是外部刺激的被动接受者。

学生要成为意义的主动建构者，就要在学习过程中从以下三个方面发挥主体作用。

①要用探索法、发现法去建构知识的意义；

②在建构意义过程中学生要主动去收集并分析有关的信息和资料，对所学习的问题要提出各种假设并努力加以验证；

③要把当前学习内容所反映的事物尽量和自己已经知道的事物相联系，并对这种联系加以认真的思考。

教师要成为学生建构意义的帮助者，就要在教学过程中从以下三个方面发挥指导作用。

①激发学生的学习兴趣，帮助学生形成学习动机。

②教师通过创设符合教学内容要求的情境和提示新旧知识之间联系的线索，帮助学生建构当前所学知识的意义。

③为使意义建构更有效，教师应在可能的条件下组织协作学习，并对协作学习过程进行引导，使之朝着有利于意义建构的方向发展。

3. 建构主义学习理论的主要观点

建构主义在知识观、学生观、学习观,以及协作与会话、学习的情境性等方面提出了一系列新的解释,对当前的教学改革具有重要的启发意义。

①建构主义的知识观。建构主义在一定程度上,对知识的客观性和确定性提出了质疑。建构主义者(特别是其中的激进者)一般强调,知识并不是对现实的准确表征,它只是一种解释、一种假设,它并不是问题的最终答案,相反,它会随着人类的进步而不断地被"革命"掉,并随之出现新的假设;而且,知识并不是精确地概括世界的法则,在具体问题中,我们并不是拿来便用,一用就灵的,而是需要针对具体情境进行再创造。因此,教师并不是什么知识的"权威",课本也不是解释现实的"模板"。另外,建构主义认为,知识不可能以实体的形式存在于具体的个体之外,尽管我们通过语言符号赋予了知识一定的外在形式,甚至这些命题还得到了较普遍的认可,但这并不意味着学习者会对这些命题有同样的理解,因为这些理解只能由个体学习者基于自己的经验背景而建构起来,其取决于特定情境下的学习历程。总之,尽管建构主义有不同的倾向,但它们都以不同的方式,在某种程度上对知识的客观性、可靠性和确定性提出了怀疑;尽管这种知识观过于激进,但它向传统的教学和课程理论提出了巨大挑战,使我们对知识的本质有了更多维的了解。

②建构主义的学生观。建构主义强调学生经验世界的丰富性,强调儿童的巨大潜能。在日常生活和以往的学习中,他们已经形成了丰富的经验,小到身边的衣食住行,大到宇宙、星体的运行,从自然现象到社会生活,他们几乎都有一些自己的看法。有些问题即便他们还没有接触过,没有现成的经验,但当问题一旦呈现在面前时,他们往往也可以基于相关的经验,依靠他们的认知能力(理智),形成对问题的某种解释,这并不都是胡乱猜测,而是从他们的经验背景出发推出的合乎逻辑的假设。

建构主义者强调学生体验世界的差异性,强调每个人在自己的活动和交往中都形成了自己个性化的、独特性的经验,每个人都有自己的兴趣和认知风格,所以,在具体问题面前,每个人都会基于自己的经验背景形成自己的理解,每个人的理解往往都着眼于问题的不同侧面。

教学不能无视学生的先前经验一味从外部引进新知识,而要把学生现有的知识经验作为新知识的生长点,引导他们从原有的知识经验中"生长"出新的知识经验。教学不是知识的传递,而是知识的处理和转换。教师不单单是知识的呈现者,他们应该重视学生自己对各种现象的理解,倾听学生现在的想法,洞察学生这些想法的由来，以此为根据，引导学生丰富或调整自己的理解。这不是简单的"告诉"就能奏效的，而是需要与学生共同针对某些问题进行探索，并在此过程中相互交流和质疑，了解彼此的想法，彼此做出某些调整的。由于经验背景的差异，学习者对问题的理解常常各异，学习者可以在一个学习社群之中相互沟通、相互合作，形成对问题的丰富的、多角度的理解。因此，学习者的差异本身便构成了一种宝贵的学习资源。

③建构主义的学习观。建构主义认为，学习不是知识由教师向学生的传递，而是学生建构自己的知识的过程。学习者不是被动的信息接收者，相反他们要主动地建构信息的意义，这种建构不可能由其他人代替。建构主义充分强调了学习的主动性，强调了学习者以原有知识经验为基础所进行的意义建构，这是当前学习理论的一种重要倾向。

什么是建构呢？"建构"本来用于建筑或木器加工中，指为了某种目的而把已有的零件、材料制成某种结构。在这里，建构在于学习者通过新旧知识经验之间反复的、双向的相互作用，形成和调整自己的经验结构。在这种建构过程中，一方面学习者对当前信息的理解需要以原有的知识经验为基础，超越外部信息本身；另一方面，学习者对原有知识经验的运用又不只是简单地提取和套用，学习者需要依据新经验对原有经验本身也做出某种调整和改造，从而实现知识的内化。

学习的实质是学习者通过新旧知识经验之间双向的相互作用来形成、充实或改造自己的经验体系的过程。这种观点与以往的学习理论有所不同。学习是个体建构自己的知识的过程，这意味着学习是主动的，学习者不是被动的刺激接受者，他们要对外部信息进行主动的选择和加工，因而不是行为主义所描述的 S-R 过程。而且，知识或意义也不是简单由外部信息决定的，意义是学习者通过新旧知识经验间反复的、双向的相互作用而建构成的，其中，每个学习者都以自己原有的经验系统为基础对新的信息进行编码，建构自己的意义，原有知识又因为新经验的进入而发生调整和改变，所以学习并不单是信息的量的积累，它同时包含由于新旧经验的冲突而引发的观念转变和结构重组，学习过程并不单是信息的输入、存储和提取，而是新旧经验之间的双向的相互作用过程。因此，建构主义又与认知主义的信息加工论有所不同。

④协作与会话。以往的学习理论主要研究的是"个体化"的学习，即学习是在个体身上发生的、以个体活动形式完成的。受维果斯基的影响，建构主义者强调社会性互动（协作、讨论、协商、争辩等）在学习中的重要意义，可以说，这也是当前学习理论的一种重要倾向。

建构主义认为，每个学习者都有自己的经验世界，不同的学习者可以对某种问题形成不同的假设和推论，而学习者可以通过相互沟通和交流，相互争辩和讨论，合作完成一定的任务，共同解决问题，从而形成更丰富、更灵活的理解。同时，学习者可以与教师、学科专家等进行充分的沟通。我们可以为知识建构创设一个广泛的学习社群，从而为知识建构提供丰富的资源和积极的支持。

⑤学习的情境性。传统教学对学习基本持"去情境"的观点，认为知识一旦从具体情境中抽象出来，成为概括性的知识，它就具有了与情境的一致性，反映了具体情境的"本质"。因此，对这些概括性知识的学习可以独立于现场情境而进行，而学习的结果可以自然地迁移到各种真实情境中。然而，情境总是具体的、千变万化的，各种具体情境之间并没有完全普适的法则。因此，抽象概念、规则的学习往往无法灵活适应具体情境的变化，学习者常常难以用学校获得的知识解决现实世界中的真实问题。

布朗等提出了"情境性学习"的概念。他们认为，传统教学暗含了这样一种假定，即概念性的知识可以从情境中抽象出来，因此，概念表征成了教学的中心。而实际上，这种假定恰恰极大程度地限制了教学的有效性。他们认为，在非概念水平上，活动和感知比概括化具有更为重要的认识论意义上的优越性，所以，人们应当把更多的注意力放在具体情境中的活动的感知上。布朗等提出了"认知学徒模型"，其试图借鉴某些行业中师傅带徒弟的有效传艺活动，通过一些与这种传艺方式相类似的活动，使学生适应真实的实践活动。他们主张通过在真正的现场活动中获取、发展和使用认知工具，来进行特定领域的学习，强调把学习者和实践世界联系起来。可以说，情境性学习的观点突出了学习的具体性和非结构性，是对布鲁纳等结构主义观点的扬弃。

与情境性学习相一致，建构主义者强调把所学的知识与一定的真实任务联系起来，如医学中的具体病理、经营管理中的实际案例等，在教学中教师应让学生合作解决情境性的问题。情境性教学具有以下几方面的特点。首先，学习的任务情境应与现实情境相类似，学习应以解决学生在现实生活中遇到的问题为目标。学习要选择真实性任务，不能对其做过于简单化的处理，使其远离现实的问题情境。由于具体问题往往都同时与多个概念理论相关，所以，研究者主张弱化学科界限，强调学科间的交叉。其次，教学的过程与现实的问题解决过程相类似，教学所需要的工具、资料往往隐含于情境当中，教师并不是将提前准备好的内容教给学生，而是在课堂上展示出与现实中专家解决问题相类似的探索过程，提供解决问题的范式，并指导学生进行探索。最后，情境性教学需要进行与学习过程相一致的情境化的评估，或者融合于教学过程之中的融合式测验。学生在学习中对具体问题的解决过程本身就反映了学习的效果。

4. 建构主义的教学观

从建构主义学习观引申出来的教学原则强调教学不单单是把知识经验装到学生的头脑中，而是要通过激发和挑战其原有知识经验，提供有效的引导、支持，帮助学生在原有知识经验的基础上建构起新的知识经验。不同于基于行为主义和认知主义的教学，基于建构主义学习理论的教学具有以下特点：

①设计真实的、复杂的任务或问题。
②提供方法的引导和支持。
③创设开放的、内容丰富的、挑战性的学习环境。
④创建互动、合作的学习共同体。
⑤强调整体性教学。

由以上可见，建构主义的教学方法尽管有多种不同的形式，但是又有其共性。建构主义的教学环节中都包含情境创设、协作学习，在协作、讨论过程中当然还包含"对话"，在此基础上学习者自身最终完成对所学知识的意义建构。

综上所述，建构主义强调知识的动态性，强调学习者经验世界的丰富性和差异性，强调学习的建构性、社会性和情境性。当然，以上各种倾向变化并不是机械的、绝对化的，而是在处理学习活动中的各种矛盾关系时所出现的重心变化。在批判传统教学观的弊端时，建构主义在一些维度上也走向了极端。但它强调知识的动态性，强调学习是一个主动建构的过程，强调学习的社会性和情境性，试图实现学习的广泛而灵活的迁移，这些观点对转变教学观念、改革传统教学具有重大意义。基于这些观点，建构主义者提出了一系列具有建构性特征的教学模式，如抛锚式教学模式、支架式教学模式、随机通达式教学模式。

建构性学习和教学旨在使学习者对知识形成真正的、深层的、灵活的理解，为此，教师需要就学习内容设计出有思考价值的、有意义的问题，引导学生通过持续的概括、分析、推论、假设、检验等高级思维活动，建构起与此相关的知识。在此过程中，教师要更多地帮助学习者对自己的学习策略、理解状况，以及见解的合理性等进行监视和调节。为了促进学习者的知识建构，一方面教师要创设平等、自由、相互接纳的学习气氛，使教师—学生以及学生—学生之间能够进行充分的交流、讨论和合作，教师要耐心地聆听学生的想法，以便提供有针对性的引导。另一方面，教师要为学生设计多样化的学习情境，要帮助学生利用各种建构工具来促进自己知识的建构。建构性教学更可能突破传统教学的局限，一方面使学生建构起真正的、灵活的知识，提高了理智的自主性和批判性，另一方面也可以促进他们解决问题能力的提高，并可在问题的发现与解决中不断发展他们的求知欲和求知能力。在这样的视野之下，现代教育技术所能提供的不仅是传输信息的媒体，而且是促进学生认知建构的思维工具，是一个促进合作性知识建构的、动态的、开放的学习环境和学习平台。

二、多元智能理论

多元智能理论是目前在世界教育领域里被广泛传播并对当前各国教育改革产生重要影响的理论。该理论之所以能够在国际教育界得到迅速广泛的传播，一个重要的原因在于它的基本思想符合当前教育改革的主导思想，为帮助教育实践者进一步充分认识和发挥每个学生的潜在能力，提供了一个新颖的有力的理论依据。现代信息技术不仅为信息技术与课程的整合奠定了基础，同时也为学生多元智能的发展提供了有力支持。

（一）多元智能简介

加德纳对人类认知能力的发展进行了多年的研究，他认为人的智能是多元的。在《智力的结构：多元智能理论》一书中，加德纳定义了最初的七种智能，之后，他又增加了一种智能——自然观察者智能，两年后，他又讨论了第九种智能（存在智能）存在的可能性。下面，我们来了解一下加德纳提出的九种智能的主要内涵。

1. 言语/语言智能

言语/语言智能包括各种和语言相关的能力——听、说、读、写和交流的能力，指人对语言的掌握和灵活运用的能力，表现为个人能顺利而有效地利用语言描述事件、表达思想并与他人交流。演说家、律师等都是此类智能较高的人。

2. 逻辑/数理智能

逻辑/数理智能指的是对逻辑结构关系的理解、推理、思维表达能力，主要表现为个人对事物间各种关系如类比、对比、因果和逻辑等的敏感，以及能够进行数理运算和逻辑推理等。科学家、数学家或逻辑学家就是此类智能高的人。

3. 视觉/空间智能

视觉/空间智能指的是人对色彩、形状、空间位置等要素的准确地感受和表达的能力，表现为个人对线条、形状、结构、色彩和空间关系的敏感，以及能够通过图形将它们表现出来，如飞机导航员控制着巨大的空间世界，棋手和雕刻家具有表现空间世界的能力。此类智能可用于艺术或科学中，如果一个人此类智能高且倾向于艺术，就可能成为画家、雕刻家或建筑师。

4. 音乐/节奏智能

音乐/节奏智能指的是个人感受、辨别、记忆、表达音乐的能力，表现为个人对节奏、音调、音色和旋律的敏感，以及能够通过作曲、演奏、歌唱等形式来表达自己的思想或情感。这种智能在作曲家、歌唱家、演奏家等身上表现得特别明显。

5. 身体/运动智能

身体/运动智能指的是人身体的协调、平衡能力和运动的力量、速度、灵活性等，表现为用身体表达思想感情的能力和动手的能力。此类智能高的最典型的代表就是从事体操或表演艺术的人。

6. 人际交往智能

人际交往智能指的是对他人的表情、说话、手势动作的敏感程度，以及对此做出有效反应的能力，表现为个人觉察、体验他人的情绪、情感并做出适当的反应。对于教师、临床医生、推销员或政治家来说，这种智能尤为重要。

7. 内省智能

内省智能指的是个体认识、洞察和反省自身的能力，表现为个人能较好地认识和评价自身的动机、情绪、个性等，以及能够有意识地运用这些信息去调适自己。这种智能在哲学家、小说家、律师等身上有比较突出的体现。

8. 自然观察者智能

自然观察者智能指的是人们辨别生物（植物和动物）以及对自然世界（如云朵、石头等）的其他特征敏感的能力。这种智能在人类进化过程中显然是很有价值的，在植物学家和厨师身上有比较突出的体现。

9. 存在智能

存在智能指的是陈述、思考有关生与死、人类的最终命运的能力。如人为何要到地球上来，在人类出现之前地球是怎样的，在另外的星球上生命是怎样的，以及动物之间是否能相互理解等。

加德纳认为，传统的教育比较重视前两个方面的智能，但实际上每个学生都在不同程度上拥有上述九种基本智能，智能之间的不同组合表现出个体间的智能差异，因此教师应该平等关注每一个学生。教育的起点不在于一个人有多么聪明，而在于怎样变得聪明，在哪些方面变得聪明。教育不是为了发现谁是学习的无能者，而是要发挥学生的潜能。加德纳认为，智能并非像传统智能定义所说的那样是以语言、数理或逻辑推理等能力为核心的，也并非衡量智能水平高低的唯一标准，它是以能否解决实际生活中的问题和是否具有创造出社会所需要的有效的产品的能力为核心的，这也是衡量智能高低的标准。因此，智能是个体解决实际问题的能力和生产出或创造出具有社会价值的有效产品的能力。加德纳认为每个人都或多或少拥有这九种智能，这九种智能代表了每个人不同的潜能，这些潜能只有在适当的情境中才能充分地发挥出来。这一全新的智能理论对于学校教育具有重要的意义。

（二）多元智能理论的要点

加德纳除了论述多元智能及其理论框架之外，还对多元智能的本质特点进行了论述。

1. 每个人都同时拥有这九种智能

多元智能理论不是一个"类型理论"，即确定某人的智能符合哪一种智能类型，而是一个认知功能理论。此理论提出每个人在九种智能方面都具有潜质。当然，这九种智能以多种方式起作用，但对每个人而言，作用方式是独特的。个别人似乎在所有智能或大部分智能方面处于极高水平，如德国诗人、政治家、科学家、自然观察家、哲学家歌德。另外一些人，如那些特殊机构中的、在发展过程中致残的人，看起来他们几乎丧失了除基本智能外的大部分智能。大多数人只是介于这两个极端之间——某些智能方面有较高的发展，某些智能方面有适度的发展，剩下的智能方面则未开发。

2. 大多数人是有可能将任何一种智能发展到令人满意的水平的

虽然个体可能会抱怨自己在某一指定领域缺乏能力，并会认为是天生的、不可改变的，但是加德纳认为如果给予适当的鼓励，提供适当指导，实际上每个人都有可能将九种智能发展到一个相当高的水平。

3. 这些智能之间通常以复杂的方式共同起作用

加德纳指出，每一种智能实际上都是一个"虚构故事"，即在生命中智能本身并不存在（但极少数情况下，可在专家或脑损伤的个体身体上发现）。这些智能间通常是相互作用的。当一个孩子在踢球时,他需要身体/运动智能(跑、踢、投)、视觉/空间智能（在球场中找到自己的位置，并预测球飞来的轨道）

及言语/语言智能和人际交往智能（在比赛的某次争执中，成功地争到1分）。出于检验每种智能的重要特征、学习如何有效地运用这些智能的目的，多元智能理论中所包括的各种智能已经超越了具体背景。我们必须注意的是，在完成对智能形式的研究之后，应将这些智能放回到它们所特有的文化价值背景中去。

4. 每一种智能类别都存在多种表现形式

在某特定领域中，不存在标准化的、必然被认为是具有智慧的属性组合。因此，一个可能不会阅读的人，由于故事讲得很棒或具有大量的口语词汇而具有较高水平的言语能力。同样，一个人可能在比赛场上很笨拙，但当他织地毯或做一个嵌有棋盘的桌子时，却拥有超常的身体/运动智能。多元智能理论强调了智能表现方式的多样性，人们在某种智能中及多种智能间展现着他们的天赋。

5. 存在其他智能的可能性

加德纳的多元智能理论是一个比较宽泛的智能体系。加德纳指出，他的模型只是一个暂时性的系统化陈述，也许经过更进一步的研究与调查后，某些智能可能不会完全满足相关的标准，而不再具备智能的资格。再者，我们可能会发现某些满足相关特点的新的智能类型。因此，人类智能不应局限于他所确认的九种类型，随着支持或不支持某一智能的科研成果的出现，原有的九种智能可能会增加或减少。

（三）多元智能理论和信息技术与课程整合

信息技术与课程整合是实施教育教学改革、促进基础教育跨越式发展、培养创新人才的一种途径。实施信息技术与课程整合，必须以先进的教育理论为指导。对于如何实施信息技术与课程整合，建构主义理论与多元智能理论提供了基本的理论指导。建构主义理论为信息技术与课程整合中新型教学结构的创建提供了理论支持；而多元智能理论为信息技术与课程整合中"创新精神和实践能力"的培养目标提供了方向。多元智能理论认为智能是多元化的，即智能不是一种能力，而是一组能力。智能不是以整合的方式存在而是以相互独立的方式存在的。因此，多元智能理论强调，在实施信息技术与课程整合时要注重发展学生的多种智能。而在多种智能发展的同时，要促进其优势智能的发展，从而做到全面发展与个性发展的统一。在多元智能理论指导下实施信息技术与课程整合就是要通过营造一种数字化的学习环境，建立一种"主导—主体相结合"的教学结构，促进学生多元智能的发展，培养具有解决实际问题能力和创新能力的新型人才。

多元智能的发展需要在丰富多样的活动情境中展开。在学科教学中，运用信息技术为学习者创设丰富多样的学习环境，可以更好地适应学习者的学习风格和学习需求，以及更好地促进学习者的个性化发展。表 2-1 说明了信息技术在促进多元智能（前八种智能）发展方面的作用。

表 2-1 信息技术运用对多元智能发展的促进作用

智能类型	信息技术运用
言语/语言	文字处理软件、电子邮件软件、网页创作、多媒体演示工具、外文软件、故事光盘、打字帮手、台式电脑、电子图书馆、文字游戏/软件等
逻辑/数理	数学技能指南、计算机辅助设计、电子制表软件、制图工具、数据库、逻辑性游戏、科学程序软件、批判性思维软件、问题解决软件等
视觉/空间	动画程序、3D 建模语言、剪辑艺术应用软件、计算机辅助图像、数字照相机和显微镜、绘图和制图软件、建模工具、空间难题解决比赛、电子难题包、几何学软件、数字想象/图形程序软件、虚拟课件等
身体/运动	计算机接口的实用结构包、模拟运动游戏、虚拟现实系列软件、接通计算机的工具、触觉设备等
音乐/节奏	音乐文化辅助软件、唱歌软件（声音合成器）、音调识别和旋律增强器、音乐乐器数字接口等
人际交往	电子公告栏、模拟游戏、电子邮件程序等
内省	个人化选择软件、职业咨询服务软件、任何可自定步调的软件、可下载的多媒体应用程序等
自然观察者	科普性软件、自然界声音或图像文件、植物/动物的分类软件、动物声音辨认软件、地球科学软件等

综上所述，多元智能理论对我国基础教育改革有重要的指导作用。在多元智能理论的指导下，实施信息技术与课程整合，能够促进学生多元智能的发展，从而培养出具有解决实际问题能力和创造新产品能力的创新人才。因此，认真探索多元智能理论指导下的信息技术与课程整合，实现基础教育跨越式发展，具有深刻的现实意义。

三、混合式学习理论

信息技术与课程整合不是把信息技术仅仅作为辅助教或辅助学的工具，而是强调把信息技术作为促进学生自主学习的认知工具和情感激励工具，利用信息技术所提供的自主探索、多重交互、合作学习、资源共享等学习环境，把学生的主动性、积极性充分调动起来，使学生的创新思维与实践能力在整合过程中得到有效的锻炼，这正是创新人才培养所需要的。在课程整合中我们不仅需要教师的有效引导、学生的主动学习和数字化的学习方式，同时还强调将传统学习方式的优势与数字化学习有机结合，以实现教育的多重目标。在这个方面，混合式学习理论为信息技术与课程整合提供了更好的理论指导。

（一）混合式学习提出的背景

20世纪90年代初，信息技术迅速发展，数字学习（E-Leaning）风靡全球，美国教育界曾对"有围墙的大学是否将被没有围墙的大学（网络学院）所取代"这一问题展开了激烈的辩论。在20世纪90年代中期以前，辩论双方各持己见，谁也说服不了谁。这场辩论不仅在美国引起很大反响，在国际上也有一批响应者，形成两派意见，长期相持不下。但是国际教育界，尤其是美国教育界，在经历了将近十年的网络教育实践以后，越来越清醒地认识到"E-Leaning能很好地实现某些教育目标，但不能代替传统的课堂教学"和"E-Learning不会取代学校教育，但是会极大地改变课堂教学的目的和功能"。这就为混合式学习新含义的提出与流行奠定了基础。同时，我们在对建构主义在教学应用的反思中，逐渐认识到建构主义理论的确可以解决很多传统教育难以解决的问题，但却不能解决教育的所有问题。指导教育教学改革的理论应该是多元化的，而不应该是一元化的，即要重视行为主义理论和认知主义理论对教育教学改革的指导作用和意义。

在这种形势下，有人提出了混合式学习，即各种学习方式的结合。例如，运用视听媒体（幻灯投影、录音录像）的学习方式与运用粉笔黑板的传统学习方式相结合；计算机辅助学习方式与传统学习方式相结合等。

混合式学习的概念提出后，国内外很多专家学者对混合式学习的内涵进行了讨论和分析，并给出了各自不同的理解。

①混合式学习的核心是通过应用各种"恰当的"学习技术来适应"合适的"个人学习风格，并在"适当的"的时机向"合适的"人传授"恰当的"技能，从而实现教学的最优化。包括离线学习和在线学习的结合、自主学习和协作学习的结合、结构化学习和非结构化学习的结合、现成的学习内容和定制的学习内容的结合、工作和学习的结合。

②混合式学习包含三层意思：第一，传统学习和在线学习的整合；第二，各种媒体和工具相结合；第三，多种教学方法、学习技术相结合。

③混合式学习就是：结合基于网络的技术以实现教育目标；混合各种教学方法（如建构主义、行为主义、认知主义）以实现最佳的学习结果，无论是否应用教学技术；各种形态的教学技术和面对面、教师引导下的训练相结合；教学技术和实际工作任务相结合。

尽管上述各种定义从文字表述上或是内涵上都有一定的差别，但都认识到混合式学习是基于这样一个前提："学习不是一个一次性的过程而是一个连续的过程，用混合的传递方式比用单一的传递方式有优势，简单来说，混合式学习的核心就是，对特定的内容和学生用适合教学内容传输和学生学习的技术手段"。

（二）混合式学习对信息技术与课程整合的指导意义

1. 混合式学习澄清了信息技术在教学应用中的一些误区

误区一：认为信息技术是万能的，信息技术与课程整合中必须用到信息技术。

信息技术本身具有一些其他教学媒体和教学手段所不具备的优良特性，但是在带来优良特性的同时，信息技术也不可避免地带来了一些局限。例如，网络教育可以实现教师和学生在时间和空间上的分离，它打破了传统教学在时空上的限制，但是同时也削弱了面授教学所特有的师生交互作用强、学习氛围佳的特性。美国在实施信息技术与课程整合的实践后，基础教育质量不仅没有提升反而下降，其中重要的原因就是过高地估计了信息技术的作用。而"混合式学习"的理念认为信息技术环境下的教学并不能取代传统的课堂式教学，其依据就在于信息技术在教学中的作用是有其局限性的。因此，在实施信息技术与课程整合的时候，要在能够发挥信息技术优势的地方运用信息技术，而不仅是泛泛地运用信息技术。

误区二：认为信息技术与课程整合中运用信息技术就要摒弃其他教学媒体。

信息技术与其他教学媒体和教学手段各有优缺点，应互为补充。但在信息技术与课程整合实践中存在一些片面的做法，如用信息技术取代其他教学媒体和教学手段在教学中的应用，似乎只有网络的运用才算信息技术与课程整合。实际上，任何一种技术手段在教学中的应用都有其优势和劣势。不同的媒体适合不同教学内容的呈现。在教学中，教学媒体没有高级与低级之别，只有适不适当的差别。教师在教学中应根据教学目标、学习者特征、教学内容、媒体特性，判断选用哪种教学媒体和教学手段，而不是片面地用信息技术全面替代所有教学媒体和教学手段。

误区三：盲目确定学习理论的"先进性"。

进行教育改革需要有先进的理论指导，然而由于行为主义、认知主义、建构主义三种学习理论客观上存在先后顺序，人们容易误认为，后一种理论以其先进性而取代前一种理论。在教学中，许多教师提倡建构主义理论而忽视行为主义理论和认知主义理论的积极作用。

应该说，这些理论都有其各自适合的领域与范围。同时，不同的学习理论科学地反映了学习过程的不同规律，它们可以互相补充，从不同侧面反映学习的基本原理，并可以在不同的学习层次上起指导作用。片面强调某一种学习理论的"先进性"既没有必要，也不科学。所以指导学习的理论应当是多元的，而不是一元的。

2. 混合式学习为信息技术与课程整合的教学设计提供了新的思路

在教学设计领域中，一直以来是"以教为主"的教学设计占主导地位。这也是我国教师和教学设计者比较熟悉的设计方法。这种教学设计将重点放在"教授"上，强调教师的主导作用，突出循序渐进、按部就班、精细严格地运用系统的方法对教学进行设计，它的优点是便于教师组织、监控整个教学过程，便于师生间的情感交流，因而有利于系统的科学知识的传授，并能考虑情感因素在学习中的重要地位。其严重的弊端是完全由教师主宰课堂，忽视学生的主体作用，不利于具有创新思维和创新能力的创造新人的成长。以学为主的教学设计随着学习理论的发展以及多媒体和网络技术的普及逐渐发展起来。这种教学设计强调学习过程的主体是学生，学生是有意义学习的主动建构者。因此，它的突出优点是有利于学生主动探索、主动发现。相应地，以学为主的教学设计往往会忽视教师的主导或指导作用，给学生的自由度过大，容易使他们偏离学习目标。

而"主导—主体"（双主）的教学设计思想可以视为上述两种教学设计的互补。"主导—主体"教学设计理论兼取建构主义学习理论与认知主义学习理论之长，避两者之短，强调在教学中既要充分发挥教师对学生学习过程的组织、帮助和引导作用，也要充分体现学生在学习过程中的主体地位，学生在教师的引导、组织和支持下，开展自主、协作、探究学习，完成对所学知识的意义建构。

3. 混合式学习再度将绩效的观念渗透到课程整合中

从混合式学习的目标——促进学习，以及混合式学习理念——对所有的可利用学习要素进行合理选择和组合中，我们可以得到这样的启示：信息技术与课程整合的绩效问题不容忽视。信息技术与课程的整合应该在了解学习者特征的基础上重视媒体、教学理论的选择以及优化组合，也就是要使学习效果及学习项目的成本达到最优化。

混合式学习正在改变世界每一个角落的教学形态，这种学习方式通过对其他学习方式的"混合"和"综合"，为学习过程中的各种因素"适当"地搭配在一起提供了可能，从而具备了超越其他单一学习方式的优势和特色。随着教师群体逐步转变观念，随着混合式学习的理论探索和实践应用的不断深化，混合式学习将为越来越多的学生带来更好的学习效果。

第三节 信息技术与课程整合的形态

一、信息技术作为学习内容（L-aboutIT）

L-aboutIT直译就是"学习信息技术"，就是将信息技术作为一个专门的学科，旨在让人们掌握21世纪人们赖以生存的重要工具——信息技术。信息技术既是一个独立的学科分支，又是所有学科发展的基础。信息技术既是一个重要的技术分支，又已经深化为改造人类生产与生活方式的基本手段。信息技术因信息交流需要而产生和发展，信息技术的进步又扩展了信息交流的时间与空间。文化形成和发展的最本质要求是交流，随着信息技术越来越广泛地渗透到教育、经济和政治等领域，席卷全球的信息文化业已形成，其推动着全社会的"文化重塑"，促进着社会的发展。从社会发展的现实出发，开设信息技术科目，是为培养适应信息社会未来公民奠定基础，是我们国家在全球性信息化建设竞争进程中抓住机遇、赶上世界发展的步伐、抢占制高点的必要保证。

信息技术课程以提升学生的信息素养为根本出发点，将信息技术作为学习对象，让学习者学习信息技术的基本知识，学习信息技术的基本技能和基本工具的使用，掌握一定的信息技术技能。但同时，信息技术课程的开设并不是仅仅为了学习信息技术本身，更重要的是要让学生形成个性化的发展，学会运用信息技术促进交流与合作，拓宽视野，勇于创新，提高思考与决策水平，形成利用信息技术解决问题的习惯，形成终身学习的理念，明确信息社会公民的权利与义务，形成与信息社会相适应的价值观与责任感，为学生适应未来学习型社会提供必要保证。根据信息技术课程标准，可知信息技术作为学科科目、作为学生学习的对象包含了以下三个方面的内容：

（一）知识与技能

①学习者能够理解信息及信息技术的概念与特征，了解利用信息技术获取、加工、管理信息的基本工作原理，了解信息技术的发展趋势。

②通过学习，学习者能熟练地使用常用的信息技术工具，初步形成自主学习信息技术的能力，能适应信息技术的发展变化。

（二）过程与方法

①学习者能从日常生活、学习中发现或归纳需要利用信息和信息技术解决的问题，能通过问题分析确定信息需求。

②能根据任务的要求，确定所需信息的类型和来源，能评价信息的真实性、准确性和相关性。

③能选择合适的信息技术进行有效的信息采集、存储和管理。

④能采用适当的工具和方式呈现信息、发表观点、交流思想、开展合作。

⑤能熟练运用信息技术，通过有计划的、合理的信息加工进行创造性探索或解决实际问题，如辅助其他学科学习、完成信息作品等。

⑥能对自己和他人的信息活动过程和结果进行评价，能归纳利用信息技术解决问题的基本思想方法。

（三）情感态度与价值观

①学习者通过对信息技术的学习，能够体验信息技术蕴含的文化内涵，激发和保持对信息技术的求知欲，形成积极主动地学习和使用信息技术、参与信息活动的态度。

②能辩证地认识信息技术对社会发展、科技进步和日常生活学习的影响。

③能理解并遵守与信息活动相关的伦理道德与法律法规，负责任地、安全地、健康地使用信息技术。

二、信息技术作为学习工具（L-withIT）

仅从字面上来看，L-withIT就是"用信息技术来进行学习"，即把信息技术作为学生学习、教师教学的工具。下面我们就分别从教师的角度和学生的角度来分析和阐述L-withIT模式，并介绍其典型的应用。

（一）信息技术作为教师教学的辅助工具

把信息技术作为教师教学的辅助工具，是从教师的角度出发，具体来说信息技术主要扮演了如下这几种工具角色：演示工具、信息交流工具、信息加工工具、测评工具等。

1. 演示工具

信息技术作为演示工具,这是信息技术整合于学科课程的最初表现形式,也是目前绝大多数基础教育和高等教育普遍采取的整合形式。教师使用现成的计算机辅助教学软件或多媒体素材库,选择其中合适的部分用在自己的讲解中,或利用电子演示文稿以及其他一些多媒体制作工具,综合使用各种教学素材,编写自己的演示文稿或多媒体课件,清楚地说明讲解的结构,形象地演示其中某些难以理解的内容,如用图表、动画等展示动态的变化过程和理论模型等。另外,教师也可以利用模拟软件或者计算机外接传感器来演示某些实验现象,帮助学生理解所学的知识。这样,通过合理的设计与选择,计算机代替了幻灯机、投影仪、粉笔、黑板等传统媒体,实现了它们无法实现的教育功能。

当然,这里指的信息技术作为演示工具并不是一种装饰或点缀,如果信息技术的使用达不到投影仪、幻灯机、录像机甚至是粉笔加黑板那样的教学效果,或者只是简单地代替了投影仪、幻灯机、录像机等媒体,成为教学的一种装饰或点缀,那么其使用就毫无意义了。

2. 信息交流工具

信息技术作为交流工具就是将信息技术以辅助教学的方式引入教学中,主要起到师生之间交流的作用,教师利用信息技术与学生就学习、情感等方面进行交流。要实现上述目的,并不需要复杂的信息技术,只需在有互联网或局域网的环境下,采用简单的电子公告板、聊天室等工具即可。教师可根据教学的需要或学生的兴趣开设一些专题或聊天室,如"我需要帮助""教师优劣之我见"等,并赋予学生自己开辟专题和聊天室的权利,使他们在课后有机会对课程的形式、教师的优缺点、无法解决的问题等进行充分的交流。除此之外,教师要利用信息技术与家长就学生的情况进行交流、与其他教师在教学和科研方面广泛地合作与交流、与教育管理人员就教育管理工作进行沟通、与学科专家和教育技术专家就教育技术的应用进行交流等。

3. 信息加工工具

信息技术作为教师的信息加工工具,主要指教师利用信息技术,如文字处理工具、电子文稿编辑工具、网页制作工具等对要教授的知识进行重构,不拘泥于书本,不拘泥于某单一学科,在重构过程中将一些已有的相关实践或思考认识的结果融进来,以使教学信息更加丰富。

4. 测评工具

信息技术作为测评工具主要指教师在课程教学过程中，利用信息技术一方面来指导学生进行自测评价，了解学生学习的效果，另一方面教师对自己的教学进行自测评价，以随时改进教学过程、组织有效的教学活动。例如，教师可以利用数据库建立形成性练习题库，利用社会科学统计软件包统计分析或学习反应信息分析系统，从而对学生以及教师本人进行评价。

（二）信息技术作为学生学习的工具

把信息技术作为学生学习的工具，具体来说信息技术主要扮演了如下这几种工具角色：信息加工工具、信息交流工具、个别化学习的工具、协作学习的工具、学习研发的工具。

1. 信息加工工具

信息技术作为学生的信息加工工具，与信息技术作为教师的信息加工工具是有所不同的。信息技术作为学生的信息加工工具是从培养学生信息能力的角度出发的，主要是培养学生获取信息、分析信息、加工信息的能力，强调学生能够对大量信息进行快速提取、重整、加工和再应用。例如，让小学六年级的学生写一篇作文《你最向往的地方》，学生就可以在网上自由遨游，选择祖国山河的壮丽一景，然后利用Word、PowerPoint、WPS或其他信息技术工具将文本、图形等进行重新加工，写出一篇精美、感人的作文。

2. 信息交流工具

信息技术作为学生的信息交流工具，与信息技术辅助教师教学扮演信息交流工具的性质、形式、作用大致相同，如学生利用信息技术与教师就学习、情感等方面的问题进行交流，学生与学生之间进行交流，学生与家长之间进行交流，甚至学生与学科专家之间进行交流等。

3. 个别化学习的工具

随着信息技术的飞速发展，出现了大量的操作练习型软件和计算机辅助测验软件，学生可在练习和测验中巩固、熟练所学的知识，决定下一步学习的方向，实现了个别化的学习。这些信息技术工具及其相应的教学软件实现了教师职能的部分代替，如出题、评定等，在一定程度上注意了学生的个别差异，提高了学生学习的投入性。

4. 协作学习的工具

与个别化学习相比，协作学习有利于促进学生高级认知能力的发展，有助于学生协作意识、技巧、能力、责任心等方面素质的培养，因而目前受到了广大教育工作者的普遍关注。而当今信息技术的发展又为协作学习提供了良好的技术基础和支持环境。计算机网络环境扩充了学生协作学习的范围，为其提供了丰富的情景，减少了协作的非必要精力支出。在基于互联网的协作学习过程中，基本的协作模式有四种：竞争、协同、伙伴和角色扮演。各种类型的协作学习对信息技术的要求各有不同。

5. 学习研发的工具

虽然我们强调对学生进行信息的加工、处理，以及协作能力的培养，但最重要的还是要培养学生的探索能力、自己发现问题和解决问题的能力以及创造性思维能力，这才是教育的最终目标。在实现这种目标的教学中，信息技术扮演着学习研发工具的角色。很多工具型教学软件都可以为之提供很好的支持，如中学数学教学中，几何画板可为学生提供自我动手、探索问题的机会：当面对问题时，学生可以通过思考和协作，提出自己的假设和推理，然后用几何画板进行验证；此外，学生还可以使用几何画板自己做实验来发现、总结一些数学规律和数学现象。随着信息技术的飞速发展，新的信息技术在教学中的应用为学生的探索和学习提供了强有力的支持，如在经济学课程中，虚拟现实技术可以模拟真实的商业情境，让学生在各种真实、复杂的条件下做出决策和选择，提高学生对真实问题的解决能力等。

三、信息技术作为学习环境（L-inIT）

L-inIT 直译为"在信息技术中学习"，就是在信息技术构筑的环境中学习，在这样一种模式下，信息技术扮演了一个环境角色，这种环境包括了提供的物理环境、资源环境和社会性环境，这种模式一般融入前两种模式中，不单独发挥作用。

（一）提供物理环境

信息技术提供物理环境，这里的物理环境主要指由各种信息技术、信息传播媒体及其配套运作软件组成的物理环境，如设备、媒体等物质性环境。目前越来越多的中小学在加紧建设计算机室、多媒体综合电教室、电子阅览室、多媒体语音室等，配置数字幻灯机、投影仪、实物展示平台等，信息技术物理环境的建设已初具规模。

随着信息技术本身的发展，这些原本独立的物理环境逐渐相互融合起来，形成了目前中小学中应用最为普遍和广泛的"多媒体网络教室"。一般来说，

新一代信息技术对职业教育的革新

多媒体网络教室包括虚拟互联网教室、电子阅览室和多媒体语音室，其主要功能包括教学示范、广播教学、屏幕监视、资源共享、个别辅导、协作讨论、远程管理等。

多媒体网络教室是由学生机、教师机和数据库服务器组成的。学生机和教师机组成多媒体教学网，而多媒体节目源则通过视频转换器与教师机相连，由教师直接控制。

（二）提供资源环境

信息技术提供资源环境主要指利用信息技术提供丰富的教学材料和资源。这些材料和资源是为教学目的而设计的，但有些资源并非为教育而设计，因其具有教育利用价值而被用作教学资源环境，如电子化图书馆。

利用信息技术构筑的资源环境，具有三个方面的性质：选择性、劣构性和开放性。所谓选择性就是资源环境作为一类学习支持系统，其中拥有藏量丰富的信息资源，可供学习者任意选择；所谓劣构性就是资源环境中的对象之间存在较弱的结构关系，不像教科书那样内容经过精心编排；所谓开放性就是学习者、适用时间、使用目标等方面都带有很大的自由度。

随着信息技术教育环境在中小学的不断完善，各种教学和学习资源也逐渐积累起来，这种在信息技术环境下，特别是在计算机和网络环境下的电子化教学和学习资源，包括了各种电子书籍、电子期刊、数据库、虚拟图书馆、电子百科、教育网站、电子论坛、虚拟软件库等。

（三）提供社会性环境

信息技术提供社会性环境，主要指利用信息技术，特别是计算机和网络通信技术，可以为学习者之间、师生之间、师生家长三者之间创造和提供一个相互交流、相互学习的平台。

这种社会性的环境中既有真实的人人之间的交互行为，也有人与虚拟的学伴之间的交互行为。例如，虚拟学伴，它主要是利用计算机来模拟教师和同级学生的行为，从而形成一个虚拟的社会学习系统。随着信息技术的不断发展，我们现今还可以利用网上群体虚拟现实工具支持异步式学习交流，以这种形式来创建虚拟学社。这样一个虚拟学社提供了各种通信工具，如电子报纸、文档、电子白板、虚拟教室等，来支持学生同伴之间、小组之间、甚至是班级之间的各种学习活动和校园文化。利用信息技术来提供这种社会性环境的实例除了上面提到的虚拟形式外还有很多，如协同实验室、虚拟教室等。协同实验室是对真实实验环境和虚拟实验平台的集成，它实现了基于网络的问题求解过程。在实验过程中，只有组长能够控制实验器材，获取实验数据，其他成员只是向组长提供想法和观察实验结果。当然，组内的每一名成员都进行了明确的分工，各司其职，教师在整个实验过程中监控每一个成员的表现。而虚拟教室就是在计算机网络上利用信息技术构造的学习环境，允许身处异地的教师和学生互相听得到、看得见，而且可以利用实时通信功能实现传统教室中所能进行的大多数活动，还可以利用异步通信功能实现前所未有的教学活动，如异步辅导、异步讨论等。

第三章 教育信息化与职业教育信息化

　　教育信息化是伴随着信息技术的飞速进步和信息社会的到来而出现的，是国家信息化的关键和重要组成部分。教育信息化包括教学环境的信息化、教学资源的信息化、教学思想与教学模式的信息化、教学管理的信息化以及教学评价的信息化等内容。在经历了起步阶段的基础设施建设和初步发展阶段的信息技术应用之后，目前已经基本实现了信息技术在学科教学中的运用，未来教育信息化将更加关注信息技术与学科课程的深度有效融合，以便更好地发挥信息技术对学科教学的促进作用。同时，教育信息化也对新一轮课程与教学改革产生了重要影响，而教育改革的深入推进又给教育信息化提出了新的要求。因此，只有正确认识和处理教育信息化与教育改革之间的关系，才能稳步推进教育信息化与教育改革的进程。20世纪末以来，以计算机技术、网络技术和通信技术的快速发展为代表的信息化正在引发当今世界的深刻变革，并重塑了世界经济、政治、文化、社会和军事等发展的新格局，同样也引发了教育领域的重大变革。这不仅体现在人类学习方式、思维方式的改变上，还表现为课程的表现形式、课堂的教学组织形式以及学校的管理方式、教学评价方式和教育管理模式的变化。教育信息化作为以信息技术变革学校教育的体现，它是一个促进学校教育变革、提高学生信息素养、推动教育现代化的漫长过程，需要在与教育改革的有机结合中相互促进且不断走向深入。

第一节 教育信息化

　　我国1997年召开的首届全国信息化工作会议中曾提出，信息化是培育、发展以智能化工具为代表的新的生产力并使之造福于社会的历史过程。2006年公布的《2006—2020年国家信息化发展战略》中又进一步指出："信息化是充分利用信息技术，开发利用信息资源，促进信息交流和知识共享，提高经济增长质量，推动经济社会发展转型的历史进程"。教育信息化是信息化在教育中的体现，也是国家信息化的重要组成部分。同时，它还肩负着培养信息化新型人才的重任，是最终实现国家信息化的主要途径。

一、教育信息化的概念

"信息化"的概念是在近半个世纪的时间里经过"知识产业""信息经济""信息产业""信息社会"等一系列概念发展演变而来的。教育信息化则始于20世纪90年代，是随着美国"国家信息基础设施"计划而出现的。因此，"教育信息化"的概念从一开始就与信息技术保持着密切的联系。1999年6月，中共中央、国务院《关于深化教育改革全面推进素质教育的决定》中提出要"大力提高教育技术手段的现代化水平和教育信息化程度"，这是政府文件中首次提出教育信息化的概念。可以说，"教育信息化"一词蕴含着东方语言的思维，西方国家通常将其称为电子教育、信息化教育、信息化学习或者电子学习。目前，学术界对这一术语的讨论众说纷纭，却没有形成统一的界定，归结起来可以分为宏观、中观和微观三个层面。

在宏观层面上，教育信息化强调将信息技术作为促进适应信息社会对人才培养需求而进行学校教育改革的推动力量。例如，黄荣怀等曾指出，教育信息化是在教育领域全面深入地运用现代化信息技术来促进教育改革和教育发展的过程，其结果必然是形成一种全新的教育形态——信息化教育。在中观层面上，教育信息化不仅关注信息技术对学校教育改革的推动作用，同时也指出了信息的应用方式，即强调现代信息技术在学校教育中的应用。例如，何克抗将教育信息化理解为"信息与信息技术在教育、教学领域和教育、教学部门的普遍应用与推广"。另外也有学者将教育信息化理解为"将信息技术充分整合并应用到教育系统之中，在一定程度上实现教育教学、组织管理、校园生活服务等活动的数字化、网络化、虚拟化，从而提高教育的质量和效率，并形成适应信息社会需求的新型教育模式"。在微观层面上，教育信息化主要强调将信息技术视为学校课程与教学改革的工具，并以此来促进学生的信息素养及各项能力的发展，关注信息技术在课堂教学中的应用。总体来说，教育信息化正在信息技术的快速发展与学校教育改革的进行中而逐步深化，其内涵也在不断发生变化。

二、教育信息化的目标与内容

我国《教育信息化十年发展规划（2011—2020年）》中明确指出了2011—2020年十年间教育信息化发展的目标：基本建成人人可享有优质教育资源的信

息化学习环境，基本形成学习型社会的信息化支撑服务体系，基本实现宽带网络的全面覆盖，教育管理信息化水平显著提高，信息技术与教育融合发展的水平显著提升。同时，该文件也针对以上目标的实现提出了八项任务：缩小基础教育数字鸿沟，促进优质教育资源共享；加快职业教育信息化建设，支撑高素质技能型人才培养；推动信息技术与高等教育深度融合，创新人才培养模式；构建继续教育公共服务平台，完善终身教育体系；整合信息资源，提高教育管理现代化水平；建设信息化公共支撑环境，提升公共服务能力和水平；加强队伍建设，增强信息化应用与服务能力；创新体制机制，实现教育信息化可持续发展。教育信息化以运用现代信息技术为基础，以促进教育改革和发展为目的，同时还肩负着信息化人才培养的重要使命，是实现国家信息化的关键，其最终目标是实现教育现代化和教育的跨越式发展，并培养现代社会需要的综合创新型人才。

教育信息化是一个动态发展的过程，其主要动力和直接目的是现代信息技术在教育中的广泛应用，即有效运用信息技术的网络化、数字化、智能化和多媒体化等特点实现教育资源的开放共享与学习者之间跨越时空限制的交互和协作。总体来看，教育信息化的内容主要包括以下几个方面。①教学环境的信息化，既包括课堂教学中的信息化设备，也包括实验室、图书馆等学习场所教学设施的信息化和网络化。②教育资源的信息化，即通过开放教育资源的建设丰富教育信息资源库，实现各地优质教育资源的免费共享与均等化。③教学思想与教学模式的信息化，即综合运用行为主义、认知主义、建构主义和人本主义等多种学习理论，构建适合教育信息化需要的教学模式，充分体现人本化、个性化的教学理念，更好地促进学生发展。④教学管理的信息化，即通过构建教师和学生信息管理的数据库，并利用现代信息技术进行学校的常规管理、人事管理、基础设施管理等，规范学校管理秩序。⑤教学评价的信息化，包括对教师和学生两方面评价的信息化，即充分利用信息技术进行评估数据的采集、传输、处理和分析，提高评价的科学性与准确性。

三、教育信息化的发展

教育信息化作为国家信息化在学校教育中的体现，是伴随着信息技术的快速发展与广泛普及而提出的。1993年，美国政府正式提出建设国家信息基础设施的计划，即"信息高速公路"计划。该计划明确指出了美国信息基础设施建设的总体目标，标志着美国国家信息基础设施计划正式启动，同时也强调了信息技术在教育中的应用。从此，信息技术进入美国学校教育的步伐迅速加快。

美国的这一举措也引起了世界各地的积极响应，各国政府纷纷开始制订推进本国教育信息化的计划。美国"信息高速公路"计划也因此成为教育信息化的开端。到目前为止，教育信息化大概经历了以下几个阶段。

（一）教育信息化的起步阶段——注重基础设施建设

从20世纪90年代初开始一直到90年代末是教育信息化发展的起步阶段。这一阶段的主要特点是关注教育信息化所需的软件、硬件基础设施建设，包括多媒体教室、校园网、区域教育网及国家教育网等。1995年，英国政府提出"教育高速公路：前进之路"计划。该计划尝试将英国32000所中学、540所大学、4300座图书馆和360家学术机构联网，并让每所中小学都拥有先进的计算机和各类教学软件。1996年，美国政府制订了第一个国家教育技术计划，指出要将信息时代的威力带进美国的所有学校，要求到2000年使每间教室和图书馆都能够联通国际互联网，确保每个儿童都能够用上现代多媒体计算机。我国在1996年发布了《中小学计算机教育五年发展纲要（1996—2000年）》，其中指出了到2000年我国中小学计算机教育发展的目标，并分别对城市和县镇各级学校的计算机配置比例做出了具体规定。总体来说，这一阶段的教育信息化主要强调基础设施的建设，而对其在课堂教学中的应用研究还相对较少。

（二）教育信息化的初步发展阶段——关注信息技术在教育中的应用

20世纪90年代后期开始，人们关注的焦点逐渐从软件、硬件基础设施的建设转向对信息技术支持教育教学的探索，包括学校教育、教学、行政管理等平台的建立及各类教育资源的开发。在这一阶段，人们逐渐意识到要实现教育信息化的健康稳定快速发展，关键是要真正发挥其促进教学环境改进与教学质量提升的作用。因此，越来越多的人开始探索信息技术与课程整合的模式，以期为信息技术在教育中的应用提供理论支持。1995年美国圣地亚哥州立大学的伯尼·道格和汤姆·马奇首先创立了WebQuest课程，并得到了很大范围的推广。随后又有学者提出了实时教学模式，以期发挥学习者的主体地位并提高他们的自主学习能力。然而，这两者都属于信息技术在课前或课后的应用，即属于课外教学模式，并没有对信息技术在课堂教学中的应用带来很大改观。可以说，这一阶段人们已经开始探索应用信息技术改善教学和学习效果的方法，但尚未实现其与课堂教学的有效整合。

（三）教育信息化的快速推进阶段——信息技术与课程整合

进入21世纪以后，人们逐渐意识到，要深入推进教育信息化，充分发挥信息技术对教与学的促进作用，就应该将信息技术与教学的课外整合转变为课内整合，即实现信息技术与课堂教学和学科课程的有机整合。2003年秋，美国国家科学基金会启动了"运用信息技术加强理科学习"项目，目的是通过理科课程设计、教师培训、评估和信息技术支持等方面的努力来促进信息技术与理科教学的有机整合，以提高学生的理科学习成绩。以该项目为代表的信息技术与课程整合活动将 WebQuest 这种基于网络的探究性学习引入课堂教学，实现了学生学科基础知识学习与自主学习能力、创新能力、问题解决能力提升的有机结合，对提高课堂教学质量并促进学生全面发展具有重要意义。这一阶段人们关注的焦点从信息技术与课外学习的整合转向信息技术与课堂教学的整合，并实现了课外整合与课堂教学的有机结合。

（四）教育信息化的未来发展趋势——深度有效融合与创新应用

目前，信息技术与课程的整合尚处于初级阶段，即信息技术在教育教学中属于一般的技术应用，并没有实现与教育教学的深度有效融合。然而，要体现信息技术对学校教育的革命性影响，不应该仅仅将其局限于为教育教学提供新的技术支持和拓展资源，更要利用信息技术推动教育模式与教学方法的变革，为教育发展带来新的理念和动力。联合国教科文组织将教育信息化的过程分为起步、应用、融合和创新四个阶段。目前，我们已经实现了信息技术在课堂教学中的应用及其与学科课程的初步整合，未来应该更加关注信息技术与学科课程的深度有效融合与创新发展。也就是说，未来教育信息化的发展趋势是将信息技术深度有效地融入教育教学的全过程中，并利用现代信息技术构建新型学习环境、创新教学模式与方法，实现以知识传授为主的教学方式向以能力与素质培养为主的教学方式的转变。

四、教育信息化与教育改革

我们可以将教育信息化视为教育现代化的一个重要组成部分，教育信息化关注的是信息社会这一大背景下学校教育的未来改革与发展趋势。教育信息化绝对不是简单地表现在技术层面上的，它是一个包含诸多侧面与环节的系统工程。目前，计算机技术、数字通信技术和网络技术等已经得到了快速发展并实现了有效融合，现代教育技术对学校教育的支持逐渐从单向的电化教学转向双向、多样的交互式计算机、多媒体与网络教学，为课堂教学提供了新的手段。

（一）教育信息化对教育改革的促进作用

1. 教育信息化是国家信息化与教育现代化的必由之路

一方面，教育信息化是国家信息化的重要组成部分，同时也是实现国家信息化的重要途径，教育信息化肩负着信息化人才培养的重要使命，推动着信息基础设施的不断更新与发展。另一方面，教育信息化是教育现代化的重要内容，也是教育现代化的关键，没有教育信息化也就不可能实现教育现代化。教育思想、教育内容、教育方法、教育技术手段和教育管理等各要素的现代化，都离不开教育信息化的支持。

2. 教育信息化是建设学习型社会、构建终身教育体系的重要保障

到目前为止，由于各地经济条件、教育水平和教育规模等方面的差异而导致的区域之间的教育差距仍然非常明显，教育信息化的深入推进能够有效促进各地教育资源和教育机会的均等化。同时，教育信息化发展为我们带来的丰富的学习资源和多样化的网络学习平台，将时时学习、处处学习、人人学习变为可能。这样，学习者就可以在摆脱时空限制的情况下进行自主学习。因此，教育信息化能够在提供多样化学习资源和均等化学习机会的基础上，推动学习型社会的建设，并能够有效促进终身教育体系的构建。

3. 教育信息化是素质教育实施和创新型人才培养的重要推动力量

具备广博的知识储备、富有创新精神和创造能力且能够独立思考、独立解决问题的创新型人才是当前教育改革对学校素质教育实施和人才培养提出的新要求，教育信息化能够起到有效的推动作用。主要表现为三个方面：①教育信息化可以通过多媒体、虚拟现实、超文本和远程信息传递等手段提供多样化的软件、硬件支持，为教师的课堂教学和学生的自主学习创造良好的环境；②多种学习平台的搭建和多样化学习资源的共建共享推动着多媒体教学和在线学习的不断发展，使促进学习者个性化发展的个别化学习和跨越时空限制的协作交流成为可能；③学习者可以在信息技术的支持下通过资源的获取、收集、处理和利用等实现问题的有效解决，以促进自身知识面的拓宽及独立思考能力与创造性思维能力的发展。

实际上，教育信息化与教育改革之间的作用是相互的。一方面，教育信息化的深入推进为学校教育注入了新的理念，也为教师教学形式的丰富和教学观念的更新创造了条件，为教育改革的推进提供了动力支持。另一方面，教育改革的逐步推进也在促进着教育信息化的不断深入，并促使其逐渐实现了从强调软件、硬件基础设施建设到关注信息技术在教学过程中充分应用的重要转变。同时，为实现教学方式与学习方式的彻底变革，教育改革在深入推进的过程中也对教育信息化提出了新的要求。

（二）教育改革对教育信息化提出的新要求

1. 正确认识教育信息化的战略地位，并对其进行统筹安排与总体规划

教育改革是一个长期、系统的工程，它是分阶段稳步推进的，因此需要系统安排与总体规划。与此同时，为教育改革提供持续动力支持的教育信息化也需要稳步发展。目前，教育信息化的程度正在不断加强，但要保证它的长期稳定推进，就需要对其战略地位形成正确的认识。我们要认清教育信息化在教育改革进程中发挥的作用并了解其目前存在的问题，在此基础上对未来的教育信息化发展进行统筹安排与总体规划，为教师、学生和教育行政人员提供最佳的信息技术支持，为教育改革持续稳步推进奠定扎实的基础。

2. 建成长效投入保障机制，完善协调与管理体制

充足的资金供给是庞大教育系统内部信息基础设施正常运行、及时维护、升级与更新的重要保障。但是，如果政府已经投入了大量资金却缺乏健全的投入保障机制，那么就会降低资金分配和软件、硬件建设与维护的合理性，影响教育信息化的进程，也会影响其对教育改革的促进作用。同时，各级各类教育行政部门、学校的信息化建设与管理部门的合理分工及统一管理也是保证教育信息化全面、协调、可持续发展的关键。因此，协调与管理体制的完善成为教育改革对教育信息化新要求的重要方面。

3. 完善基础设施建设，加强人才队伍建设

目前，教育信息化基础设施建设仍然存在不均衡的问题，尤其是西部及农村地区的信息化基础设施还相对落后，这样不仅会加大数字鸿沟，进一步加剧不同地区、不同类型学校教育之间的差距，也会影响教育改革的顺利进行。因此，要进一步完善各地区学校的基础设施建设并提高其应用效率。同时，目前信息化人才队伍建设与教育信息化发展需求之间还存在一定的差距，要保证教育信息化对教育改革的推动力量，就需要加强专业化人才建设，以解决信息化人才队伍短缺的问题，尤其是要完善教师队伍的知识结构并提高其信息素养，使他们能够适应信息技术迅速发展的特点，从而能够更好地应用信息技术开展课堂教学活动以满足教育改革的新要求。

4. 实现与教学实践的深度有效融合，提高信息技术的应用水平

教育改革的最终目的就是通过解决当前教育中存在的问题来更好地促进学生的发展，因此我们要充分考虑紧密联系学生发展的课堂教学实际。同样，要实现教育信息化对教育改革的促进作用，就要从利用信息技术促进教师的教和学生的学入手。一直以来，人们都在关注信息技术在教学实践中的有效应用，但仍然局限于技术的应用层面，并没有实现其与课堂教学的深度有效融合，这样就不能很好地发挥信息技术对教与学的促进作用。总体来说，新时期的教育改革需要实现信息技术与课堂教学实践之间的深度有效融合，以促进教学模式的创新与学习方法的改变，从而更好地推动教育改革的进一步深化。

第二节 信息化教育

信息化教育是教育信息化深入推进和现代教育技术不断发展的必然结果，是电化教育发展的新阶段。从技术方面上看，信息化教育具有网络化、智能化、多媒体化、数字化的特点；从教育层面上看，它具有教学材料的多媒体化、教学资源的全球化、教学的个性化、学习的自主化和管理的信息化等特点。作为一种新的教育形态，信息化教育建立在新行为主义学习理论、信息加工理论、多媒体认知理论、建构主义学习理论、人本主义学习理论及斯金纳的程序教学理论、布鲁纳的发现学习、奥苏泊尔的有意义学习基础之上。它既包括教学观念和学习观念的信息化，也包括教学资源、管理、评价、教师发展与学生发展的信息化，同时更加注重信息技术与学科课程的深度有效融合，对提高教育质量、促进学生发展、扩大教育规模和推动教育改革都具有重要意义。

20世纪90年代以来，以网络技术、计算机技术和通信技术等为代表的现代信息技术得到了飞速发展，给社会的各个方面带来了前所未有的改变。在教育领域，多种学习技术和多媒体资源的出现引发了教育观念、学习理念、教学方法的不断更新和师生关系的转变，推动了新一轮课程改革与教学改革的逐步深入。信息化在学校教育中的不断推进使得基于信息技术的全新教育形态——信息化教育逐渐形成。

一、信息化教育的内涵

建立在现代信息技术和现代教育思想基础上的信息化教育，是推动教育改革和教育现代化适应信息化社会对教育发展新要求的产物。与传统教育形式相比较，信息化教育在教育观念、教学环境、教学模式、教学内容、教学评价、教育理论及教育管理等方面都有了新的发展，实现了资源呈现的多媒体化，有效促进了个性化教学的开展、学生自主学习的进行、教学环境的优化和教学效果的提升，同时也实现了全球教育资源的开放共享，对推进教育公平产生了重要影响。

1. 信息化教育的概念

"信息化教育"是近年来伴随着教育信息化而出现的新名词，目前对于其概念内涵的论述很多，但并未形成统一的界定。我国学者南国农曾在《信息化教育概论》一书中指出："信息化教育就是在现代教育思想和理论的指导下，主要运用现代信息技术，开发教育资源，优化教育过程，以培养和提高学生的信息素养为重要目标的一种新的教育方式。"他认为，信息化教育就是电化教育，是信息时代的电化教育。祝智庭则认为，信息化教育就是以现代化信息技术为基础的教育形态。也有学者认为，信息化教育是在教育科学理论和信息科学理论的指导下，以现代信息技术应用为核心，以教育信息化为基本任务，以培养高素质人才为根本目的的教育教学过程。

人们通常会将"信息化教育"与"教育信息化"联系在一起。实际上，两者虽然都与现代信息技术紧密联系在一起，但却有着本质的区别。教育信息化是信息技术应用于教育过程中要做的一件事情，它是信息技术在教育中的应用与推广，而信息化教育则是一种以现代信息技术为基础的新型教育形态。也就是说，教育信息化是现代信息技术与教育相整合的过程，而信息化教育则是现代信息技术与教育整合之后的表现形态。但是，两者之间也存在联系，即信息化教育的实施需要教育信息化的不断推进，而信息化教育的进行又可以有力地推动教育信息化的发展。

可以说，信息化教育是教育信息化和教育现代化不断深入的产物，也是电化教育发展的高级阶段。因此，我们可以将信息化教育看成现代信息技术支持下的一种全新的教育形态，它是教育信息化深入推进和现代教育技术不断发展的必然结果。从信息技术与教育理论之间的关系来说，信息化教育应该是现代教育理论与现代信息技术相结合的产物。值得注意的是，二者之间是相乘而不是相加的关系，因为必须实现两者之间的有机融合才能称之为信息化教育，离开其中的任何一个方面，信息化教育都不能取得成功。

2. 信息化教育的特点

总体来说，与传统教育相比，信息化教育的主要内容包括以下两个方面：一是教育过程的信息化，即信息化教育是与现代信息技术紧密结合在一起的，它离不开信息化设备和信息化资源的支持;二是教育观念的现代化,即发展适合多种信息技术支持的多媒体教学、数字化教学和虚拟化教学等,实现信息技术支持下教师教学方式与学生学习方式的变革,加快教育现代化的进程。因此,我们可以从技术和教育两个层面来分析信息化教育的特点。

从技术层面上看,信息化教育具备以下四个方面的特点:①网络化,即人们能够通过网络获取自己所需要的信息,且获取的速度更快、范围更广、内容更丰富,同时也实现了跨越时空限制的多向互动;②智能化,就是基于人的智能模型、科学理论模型以及信息科学构建的智能设施和工具可以为教师、学生和教育研究者提供智能化的工具支持;③多媒体化,指承载信息的载体从传统的书本、挂图、实物等发展为超文本、图片、视频、音频、动画等,为教育信息资源的多样化表征提供了技术支持;④数字化,即信息以数字化形式呈现,能够更好地提取、加工、利用和存储。

从教育层面上看,信息化教育的特点主要表现为以下五个方面。①教学材料的多媒体化。不仅包括传统的纸质材料,还包括视频、音频等数字化资源。②教育资源的全球化。开放的教育资源促进了各地资源的均等化,实现了优质教育资源的全球共享。③教学的个性化。多样化的信息技术支持与多媒体化的教学资源能够使教师在安排教学的过程中根据不同学习者的个性特点给予相应的学习支持,以促进学习者的个性化发展。④学习的自主化。丰富的学习资源和完善的网络学习平台可以为学习者提供更多的自主学习机会。⑤管理的信息化。完善的管理平台与分类数据库的建设能够推动学校管理的自动化、智能化与科学化。

3. 信息化教育的功能与作用

信息化教育不仅指课堂教学的信息化,也指包含教学评价、教学管理等在内的教育领域中各方面的信息化。它的基本功能是优化教育教学,以促进新时期素质教育的实现和创新型人才的培养。目前,信息化教育正在以其多媒体化的教学材料、全球化的教育资源、自主化的学习方式、信息化的教育管理以及虚拟与现实相结合的学习环境改变着传统的学校教育。它的功能与作用主要表现为以下四个方面。

①提高教育质量。信息化教育能够使教师充分利用多种信息技术手段和工具构建良好的学习环境,并通过超文本、图像、音频、视频等优质多媒体学习资源与传统纸质教学材料的有机结合来丰富学生的学习内容和形式,不仅可以满足不同认知特点的学习者的个性化需求,还能够支持不同学习活动的开展,

从而提高教学效果。

②促进学生发展。信息化教育能够在现代信息技术与多种教育教学理论的有机结合中，充分发挥学生的主体作用并考虑他们之间的个性差异，通过自主学习、协作学习、探究性学习、体验式学习等多种方式促进学生知识、技能与情感的共同发展。同时，网络中多样化的学习资源为满足不同学习者的个性需求奠定了基础，可以有效促进他们的个性化发展。

③扩大教育规模。信息化教育能够利用计算机技术、网络技术等实现资源的全球共享，将学校课程扩展到拥有计算机就可以学习，教师也可以通过网络同时给来自世界各地的学习者上课。近年来发展起来的大规模开放在线课程就是信息化教育扩大教育规模的重要体现。同时，网络的迅速发展使教师与学习者之间跨越时空限制的双向交互成为可能，人们可以随时随地学习。

④推动教育改革。信息化教育的实施也可以为教育发展提供新的思路，是推进新一轮课程改革与教育改革的重要力量，主要表现为三个方面：引发教育观念的变革，信息化教育更加关注社会发展与人的发展的统一性，强调人才培养的多元化与个性化；引发教学方法和手段的变革，信息化教育强调以自主学习、协作学习、体验式学习、个性化学习等促进创新性人才培养的多种学习方法的有机结合；引发师生关系的转变，信息化教育主张将学习者置于学习活动的主体地位，教师扮演的是促进者、协作者和指导者的角色。

二、信息化教育的理论基础

信息化教育作为运用现代信息技术促进教育改革和教育发展的新型教育形态，不仅受先进技术（如通信技术、网络技术、多媒体技术、人工智能技术等）的影响，而且是以一定的学习理论和教学理论为基础的。学习理论主要包括斯金纳的新行为主义学习理论、加涅的信息加工理论、梅耶的多媒体学习的认知理论、以罗杰斯为代表的人本主义学习理论、以皮亚杰为代表的建构主义学习理论等。教学理论主要包括斯金纳的程序教学理论、布鲁纳的发现教学理论、奥苏泊尔的有意义学习理论等。

（一）学习理论

1. 斯金纳的新行为主义学习理论

以斯金纳为代表的新行为主义学习理论将学习看成刺激与反应之间的联结，其中的反应包括由刺激引发的应答性反应和有机体自发的操作性反应两种，人类所从事的多数有意义的行为都是操作性的。在斯金纳看来，学生的行为是受行为结果影响的,若要使他们做出合乎需要的反应,必须使他们的行为形成某种相倚关系,即在行为之后要有一种强化性的结果,以加强对强化刺激的系统的控制,学习就是通过强化的结果而习得的行为。可以说,教学的艺术就在于如何安排强化,并且重要的是反应之后所跟随的刺激(强化物),而不是反应之前的刺激。在信息化教育中,及时的反馈与适当的强化也是非常必要的。同时,新行为主义学习理论"将学习看成小步子、自定步调、积极反应、及时强化"的主张也为信息化教育中学习活动的组织和安排提供了理论指导。

2. 加涅的信息加工理论

加涅是典型的折中主义者,他的信息加工理论将学习看成人类对信息的主动选择、加工、存储和提取的过程。该理论中描述的信息加工过程由以下三个部分组成:①加工系统,来自外界环境的刺激作用于感受器,感受器将接收的信息传递到感觉登记器,小部分信息被注意而进入短时记忆进行编码和储存,最后进入长时记忆。因此,主动学习是发生在短时记忆(工作记忆)阶段的,主要就是将所选择的材料进行组织并与长时记忆中已有的知识进行整合。②执行控制系统,它不直接参与信息加工过程,而是对整个加工系统进行控制和调节,影响着注意与选择性知觉。③期望系统,它是信息加工过程的动机系统,并起定向的作用,表现为学习者达到其学习目标的具体动机。加工系统、执行控制系统和期望系统三者之间是相互联系、相互作用的,它们共同促进着学习者对知识的选择、加工、存储和提取。信息加工理论对信息化教育中教师进行多种媒体设备及资源的选择与安排、对促进学生的信息加工和学习具有重要意义。

3. 梅耶的多媒体学习的认知理论

多媒体学习的认知理论是建立在三个基本假设基础之上的。即人类的信息加工系统包括视觉/图像加工和听觉/言语加工双通道,每个通道的加工能力都是有限的,主动的学习要求学习者积极主动地参加到合适的认知加工过程中。多媒体学习的认知理论,主要包括发生在学习者的感觉记忆、工作记忆和长时记忆中的五个认知加工过程:从呈现的文本或解说中选择相关语词、从呈现的插图中选择相关图像、将所选择的词语进行组织以形成连贯的语言表征、将所选择的图像进行组织以形成连贯的视觉表征、将语言表征和视觉表征与学习者的先前知识进行整合,这其中包括了选择相关材料、组织已选择的材料和选择材料与已有知识的整合三种信息加工过程。因此,按照人的心理工作方式设计的多媒体信息与没有按照人的心理工作方式设计的多媒体信息相比更有可能产生有意义学习。在信息化教育中，应该充分利用文本、图像、视频、音频等多媒体化的资源，充分调动学习者的信息加工通道，使其共同参与到认知加工的过程中，以降低学习者的认知负荷，促进他们对学习材料的加工。

4. 以罗杰斯为代表的人本主义学习理论

人本主义心理学家反对行为主义将人当作一个只能对刺激做出反应缺乏思想的、空洞的有机体，认为人类的行为不仅仅是孤立的刺激与反应之间的联结，而是由构成完整人格的全部态度、感情和愿望所决定的。人本主义学习理论指出学习的实质是学习即理解、学习即潜能的发挥、学习即"形成"。该理论强调要以学习者为中心，注重学习者的个性发展和自我实现，突出他们在学习过程中的自发、自主、自觉的学习，反对传统的接受、注入式的教学方法。它关注的不是学习的结果，也不是学习的过程，而是学习的起因，即学习者的意图、信念和情感，强调学习者的自我实现。在信息化教育中，多种信息技术支持下的新型学习环境和多媒体化的学习资源能够为自主学习、合作学习、探究性学习等发挥学生主体作用的学习方式创造条件，有利于传统师生关系的转变，同时也可以使学习者在多种学习活动的组织与参与过程中实现知识、技能与情感的共同发展。

5. 以皮亚杰为代表的建构主义学习理论

建构主义学习理论主要是在皮亚杰、维果斯基等的教育思想基础上发展起来的。它的观点主要包括在以下三个方面：①建构主义的知识观。它对知识的确定性和客观性提出了质疑，认为"知识并不是对现实的准确表征，而是一种解释、一种假设；不是问题的最终答案，而是会根据具体问题情境的不同发生相应的变化的"。因此，我们需要通过语言符号赋予知识外在的形式，此外还需要基于自己的经验对知识进行建构。②建构主义的学生观。学生在日常生活、学习中已经形成了丰富的经验，因此他们并不是空着脑袋走进教室的，教学应该将学生的这些已有经验作为新知识的生长点，以促进他们的意义建构。③建构主义的学习观。建构主义认为学习不是学习者通过教师的传授获得知识的过程，而是他们在一定的社会文化情境下，借助他人的帮助并利用必要的学习资料，通过意义建构获得知识的过程。在这一思想的指导下，信息化教育更加强调学习过程中的协作、会话、情境与意义建构，以促进学习者问题解决能力的提高，而不仅仅是对知识的掌握。

（二）教学理论

1. 斯金纳的程序教学理论

程序教学是由斯金纳的强化学习理论引申出来的一种教学理论。其基本思想是，将教学材料分成连续的小步子，并按逻辑编制一定的程序，学生按一定的程序进行学习，在这一过程中教师必须对学生的正确学习结果给予及时的强化，以鼓励他们继续学习下去。但是在课堂教学中，教师不可能实现对每一位学生的及时强化，教学机器则能够使其成为可能。程序教学包括四个基本原则：①小步调学习，即将学习任务设计成一系列的小单元，降低学习任务的难度；②呈现明显反应，即保证学习者的学习反应能够明显观察到；③及时反馈，即对学习者的学习结果给予及时的反馈，以进行及时强化或改正；④自定步调学习，即学习者可以根据自身特点制定学习步调。程序教学作为计算机辅助教学的前身，对信息化教育的产生与发展具有重要影响。

2. 布鲁纳的发现教学理论

布鲁纳认为，教育不仅要培养成绩优异的学生，更应该帮助每一位学生获得智力的发展。因此，教学应该以解决问题为中心，着眼于学习者创造性思维能力的发展。他所主张的发现教学主要是让学生运用教师提供的按发现过程编制的教学材料进行"再发现"，以掌握知识并发展自己的创造性思维能力与发现能力。这一教学理论的基本结构包括四个部分：①创设问题情境，激发学生的学习动机；②提出假设，教师在诱发性的问题情境中引导学生通过分析、综合、比较、类推等方法不断产生假设，并让学生围绕产生的假设进行推理，促进他们对已有知识片段的改组以形成较为确切的概念；③验证假设，引导学生进一步收集资料以检验所获得概念的正误，并得出最佳结论；④应用假设解决问题，引导学生将所得的结论应用于具体问题的解决过程中，以发展他们的问题解决能力和创造性思维能力。在信息化教育中，教师可以通过多种信息技术手段为学习者的自我发现提供环境和资源支持，促进他们在自主探究的过程中学习知识、发展能力。

3. 奥苏伯尔的有意义学习理论

奥苏伯尔认为，有意义学习就是将符号所代表的新知识与学习者认知结构中已有的适当观念建立非人为的和实质性的关联。如果学习者只是依赖于文字上的关系去记忆某些符号或概念而没有理解符号所代表的知识，那么这就属于机械学习。要实现有意义学习，需要具备客观和主观两方面的条件。从客观上来说，有意义学习材料本身必须是有逻辑意义的，即它必须能够与认知结构中的有关知识建立非实质性和非人为的联系；从主观上来说，学习者必须具备一定的知识基础并且具有有意义学习的倾向，而且能够积极主动地使具有潜在意义的新知识与自身认知结构中已有的相关知识发生相互作用，以促进旧知识和认知结构的完善，使新知识获得实际意义。奥苏伯尔的有意义学习理论告诉我们："任何教学方法都有可能是有意义的，也可能是机械的。教学的关键就是让学生表现出一种有意义学习的心向，使他们将新的学习内容与自身已有的知识之间建立关联，以促进他们的知识整合与迁移。信息化教育并不一定要用最新的教学方法、最先进的信息技术和最多样化的学习资源，而是要根据学习者的特点合理地呈现学习任务，以促进他们的有意义学习。"

三、信息化教育的理论体系

信息化教育作为电化教育的发展，其理论体系最初形成于20世纪80年代，包括电教理论、电教媒体、电化教学法、电教教材编制、电教管理等。近年来，随着信息技术的发展和教育信息化的推进，信息化教育的理论体系也得到了不断的发展与完善，它不仅包括表现在观念上的信息化教育的教学观和学习观，还包括信息化教育中的资源、信息化教育中的管理与评价、信息化教育与教师发展、信息化教育与学生发展以及信息技术与课程整合等方面的内容。

1. 信息化教育的教学观

信息化教育的教学观强调教师角色的转变。在传统教学中，教师是知识的传授者和灌输者，信息化教育则主张将教师置于指导者的地位，即教师不再是学生获取知识的唯一来源，而是作为协作者、引导者和咨询者来帮助学生进行自主学习和探索。在教师角色发生转变的同时，教学方式也发生了转变，课堂教学的形式更加多样化，不仅包括传统的讲授式教学，而且更加强调发挥学生主体地位的协作学习、探究性学习、自主学习等，教学目标也从以前促进学习者对知识的掌握转变为帮助他们实现知识、技能与情感的共同发展，并培养他们终身学习的能力和观念，以适应未来不断变化与快速发展的社会对人才培养的新要求。

2. 信息化教育的学习观

传统情况下，学习者是作为知识的被动接受者间接地从教育者那里获取人类长期积累下来的文化财富的，信息化教育则强调学习者的意义建构，即鼓励他们在亲身参与和体验的过程中获取知识。因此，在信息化教育中，人们更加关注学习者利用多种技术和工具进行自主探索，以及学习者通过相互协作与交互而进行的知识的主动建构。在这个过程中，位于主体地位的学习者不仅要在多样化的情境中进行学习，还要对自身的学习过程和结果进行正确评价，反思自己的学习并进行自我调节。也就是说，信息化教育中的学习观更加强调学习者的学习过程而不是学习结果，更加关注他们的能力提升与个性化发展，而不仅仅是他们对知识的掌握。

3. 信息化教育中的资源

从广义上讲，信息化教育中的资源指教育过程中的一切教学资源和学习资源，它既包括教科书、参考书、报纸、杂志等传统纸质教育资源，也包括视频、音频、动画等数字化教育资源。从狭义上讲，信息化教育中的资源仅仅指以数字化、网络化、多媒体化为技术特征的信息化资源。通常情况下，我们所说的信息化教育中的资源主要指狭义的信息化资源，它具有多样性、共享性、扩展性和工具性的特点。在信息化教育中，资源尤其是多媒体网络共享资源处于重要的地位，它不仅可以为教师的课堂教学和学生的自主学习提供重要支持，还能够促进教学模式的变革、教师的角色转变和学生的个性发展。

4. 信息化教育中的管理与评价

信息化教育中的管理指的是为了优化信息化教育系统，提高其整体功能而进行的各种组织和协调活动，是信息化管理在教育领域中的具体体现，它主要包括目标、计划、实施、检查和总结五个环节。在信息化教育的评价中，对学习资源和学习过程的评价处于核心地位，其中面向学习资源的评价主要指根据教学目标评估学习资源所具有的教育价值，面向学习过程的评价则指根据教学目标对学习的过程和结果进行价值判断。因此，信息化教育中的管理与评价都是以更好地促进教学效果和学生的个性化发展为目的的，其中信息化教育中的管理能够为信息化教学的顺利开展提供保障，评价则是为教学提供实时反馈，以促进教学效果的不断提升。

5. 信息化教育与教师发展

在信息化教育中，教师能否在课堂教学中恰当应用各种现代信息技术是教学效果高低的关键。因此，教育信息化的深入发展为教师的课堂教学提供越来越多技术支持的同时，也对他们的知识和能力提出了新的要求。2006年，美国密歇根大学的彭亚·米什拉和马修·克勒在学科教学法知识的基础之上，首次提出了技术、教学法与学科内容整合这一新的概念框架，为信息化教育中的教师专业发展提供了重要指导。信息化环境中的教师发展并不仅仅是教给他们多种现代信息技术知识和应用方法，而是要使教师将技术恰当地应用到自身的教学活动中，即教师拥有丰富的信息技术与学科课程整合的知识和较强的信息技术与课程整合的能力。

6. 信息化教育与学生发展

信息化的深入推进加速了人们的工作方式、生活方式和学习方式的变革，也引发了社会发展对人才培养的新要求。因此，信息化教育更加强调学生的自主学习能力、创新性思维能力、问题解决能力等的发展，主要表现为三个方面：①关注学生的个性差异，运用多种信息技术和多样化的学习资源因材施教，以促进他们的个性化发展；②在向学习者传授知识的同时，也要通过给他们提供真实问题解决的机会，使其能够将所学知识创造性地应用于实际问题中，以达到创新性思维能力和问题解决能力的共同提升；③鼓励学习者积极参与到协作学习过程中，发挥他们在集体中的作用，使其在协商与合作的过程中发展集体共事能力。信息化教育的学习观不仅强调学习者对基础知识的掌握，而且更加注重学习者在此基础上的能力提升和情感发展。

7. 信息技术与课程整合

信息化教育并不是简单地将现代化的信息技术视为一种教学的辅助手段，我们应该结合学科教学特点和学习者的认知风格建立基于信息技术的新型教学模式和学习模式。因此，信息技术与学科课程的深度有效融合是信息化教育的关键。我国《基础教育课程改革纲要（试行）》中提出要大力推进信息技术在教学过程中的普遍应用，促进信息技术与学科课程的整合，并逐步实现教学内容呈现方式、教师教学方式、学生学习方式的变革。在硬件设施上，应该对多种教学媒体进行恰当的设计和编排，构建适合教学需要的多媒体教学环境；在教学方法上，要注意运用现代教育理论指导信息技术与课程整合的实践，并根据学科教学特点构建有效的教学模式。

四、信息化教育的意义

信息化教育的重要意义主要体现在以下几个方面：

①信息化教育是实现教育现代化的重要内容，是实现教育现代化的重要步骤。没有教育的信息化，就不可能实现教育的现代化。信息化教育极大地加快了教育现代化的进程。教育现代化包括教育思想现代化、教育内容现代化、教育方法现代化、教育技术手段现代化、教育设施现代化、教育管理现代化等。在教育现代化的诸多要素中，哪一"化"都离不开信息化教育，信息化教育一

方面为教育现代化提供了方法、途径和前提;另一方面,在信息化教育的过程中必然会出现许多新问题,需要人们去认识、去解决,这些问题的解决,不仅会极大地丰富信息化教育的内容,同时其对教育思想、教育内容、教育方法、教育手段、教育管理等诸多方面所产生的深刻变革,将成为教育现代化研究的重要内容,也将成为实现教育现代化的主要标志。因此,没有教育的信息化,就不可能实现教育的现代化。信息化教育是实现教育现代化的重要步骤,是教育现代化的重要内容和主要标志。

②信息化教育有利于实施素质教育和培养创新人才。创新人才善于独立思考,具有广博的知识,有创新意识和创新精神以及创造能力,有崇高的理想和高尚的道德情操,是全面发展与个性发展完满结合的人。素质教育的根本目标是培养创新人才,而信息化教育有利于实施素质教育和培养创新人才。第一,信息化教育可以为实施素质教育创造良好的环境,更好地体现个性化教学与因材施教。教师可以利用信息化教育的优良环境进行个别化教学、远程实时交互的多媒体教学,学生可以进行小组协作学习、在线学习、在线讨论等,这样可以把学生从较强的共性制约中解放出来,发展学生的个人志趣,培养学生的个性。第二,在信息技术环境下,学生既可以根据个人的特点自主选择所学的知识和确定学习进程,又可以通过对某一专题的相关内容进行信息检索、收集和处理,发现问题并解决问题,这有利于学生丰富知识,培养独立思考能力、创新意识、创新精神以及创新能力。第三,利用信息化教育提供的网络资源可将抽象的知识形象化,在对比过程中,学生可以更好地识别假恶丑,培养真善美的情感,把崇高的理想内化为自己的言行,形成优良的道德品质。

③信息化教育促进教育理论的发展。信息化教育是教育的一场重要变革,在这个过程中必将出现许多新问题、许多新现象需要我们去解决、去认识,这些问题的解决、认识将有效地推动教育理论的发展。信息化教育的过程是信息技术科学在教育中不断应用的过程,在这个过程中出现的许多问题往往需要用信息技术科学工作者的理论、方法才能解决。教育信息技术科学是一门利用信息技术科学的理论广泛研究学习过程的教育理论,是一门关于教育的信息技术科学。

④教育信息化有利于促进教育改革。信息技术对教育改革的作用,可以从两个方面来分析。一方面,由于信息技术在社会各个领域的广泛应用,带来了信息的多源性、易得性和可选性,学生可以轻易地获得大量信息,这就使得教育者的权威性被削弱,从而迫使教育者采取趋向于比较民主的教育模式,同时教育者也要利用信息来强化自己,这是一种在信息技术刺激下顺应教育变革的

姿态。另一方面，出于对教育现状的不满教育工作者千方百计地寻求教育改革之路，其中有一种思路就是相信现代信息技术可以成为当代教育改革的强大支持力量，这是一种利用信息技术来谋求教育变革的姿态。现代教学改革的核心是使学生变被动型的学习为主动型的学习，信息技术在教育中的应用，可以为学生创设自由探索的学习环境。教师则可以综合运用多种教学模式进行创新教育，从而促进教育改革，提高教育教学质量。

⑤教育信息化有利于促进教育公平。教育信息化有利于建设学习型社会，构建终身教育体系，缩小城乡之间和地区之间的教育差距。教育信息化的实施和现代远程教育的实现，可以改变以学校教育为中心的教育体系，使受教育者的学习突破时间和空间的限制，真正实现学习型社会和终身教育，即人人学习和处处学习以及时时学习，从而保障每个国民接受教育的平等性，提高全体国民的综合素质。

第三节 职业教育信息化教学的理论基础

职业教育在利用教育技术解决教学问题时，必须以科学原理为依据，必须以相关科学对学习问题和教学问题的认识为依据。对学习问题和教育教学问题的研究主要集中在视听教育理论、学习理论、教育传播理论方面。职业教育教学是一个教学大系统，具有独特的内在规律，因此，我们要运用系统科学来处理职业教育系统的信息加工、反馈与控制等方面的问题。另外由于教学也是一种信息传递的活动，因而信息传播理论对解决教学问题也具有一定的作用。

一、视听教育理论

视听教育理论产生于20世纪40年代，其中戴尔的"经验之塔"理论最具有代表性。

美国教育家戴尔认为，人学习知识，一是自己直接经验的获得，二是间接经验的获得。当学习是由直接经验到间接经验、由具体到抽象时，人获得知识和技能就比较容易。戴尔把人们获得知识与能力的各种经验，按照它们的抽象程度，划分为3大类10个层次，归为一个"经验之塔"来进行描述。

①做的经验。包括3个层次：直接的有目的的经验、设计的经验、演戏的经验。

②观察的经验。包括5个层次：观摩示范，学习旅行，参观展览，电影、电视、录音、无线电、静止画面。

③抽象的经验。包括 2 个层次：视觉符号、言语符号。

塔底层的经验最具体，越往上越抽象。"经验之塔"反映的观点是，教学应该从具体经验入手，随着学习者知识和年龄的增长，逐步向抽象概念发展，抽象的概念应以具体经验为基础。位于中层的观察的经验，易于培养学习者的观察能力，比语言更具体和易于理解，而且能冲破时空的限制，弥补学习者直接经验的不足。所以，在职业教育教学中倡导应用各种视听媒体进行教学。在实训教学环节中，利用塔下边的做的经验，理解深、记得牢；利用塔上边的抽象的经验，通过教育技术手段优化教学，提高教学效率，易于学生获得概念，便于学生对经验的应用。

二、学习理论

学习指个体经验的获得及行为变化的过程。学习是个体适应环境的手段。学习理论是对学习规律和学习条件的系统阐述，它通过揭示人类学习活动的本质和规律，解释和说明学习过程的心理机制，来指导人类的学习。

1. 行为主义学习理论

人的行为主要是由操作条件反射形成的。行为主义学习理论力图从操作条件反射研究中总结出学习规律，提出强化原理和程式；认为塑造行为的过程就是按合乎要求的反应次数以及各次强化之间的适当组合而做出的各种强化安排。

行为主义学习理论的基本观点：

①学习是刺激与反应的联结，其公式是 S－R（S 代表刺激，R 代表反应），有怎样的刺激，就有怎样的反应；

②学习过程是一种渐进的"尝试与错误"，直至最后成功的过程，学习进程的步子要小，认识事物要从部分到整体；

③强化是学习成功的关键。

行为主义学习理论重知识技能的学习，重外部行为的研究。

2. 认知主义学习理论

认知主义学习理论认为，人的知识不是由外部刺激直接给予的，而是外部刺激和认知主体的内部心理过程相互作用的结果。据此，学习过程被解释为每个人根据自己的态度、需要和兴趣，并利用过去的知识和经验对当前工作的外部刺激做出主动的、有选择的信息加工过程，如加涅的信息加工模型，见图 3-1。

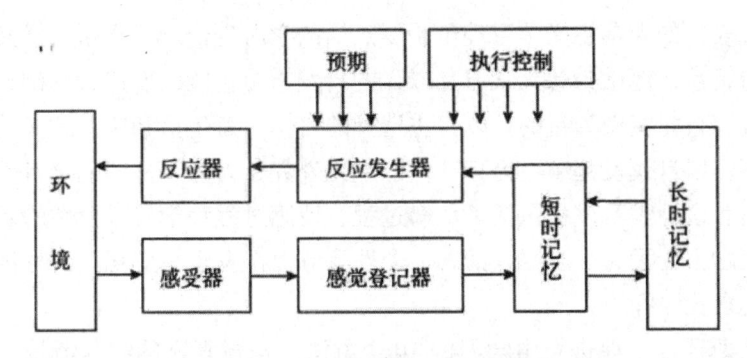

图 3-1　加涅的信息加工模型

感受器接收来自环境的刺激后，转为神经信息传送到感觉登记器，这里是很短暂的记忆贮存，一般在百分之几秒内就登记完毕。由于注意或选择性知觉，有些信息登记了，有的则很快消失了。被感觉登记了的信息很快进入短时记忆，信息在这里只持续二三十秒钟就消失，做简单的处理后被送入长时记忆，这是一个相当永久的信息库，在这里信息经过编码备用。当需要这些信息时，大脑进行检索提取信息，被提取的信息可能直接通向反应发生器，从而产生反应，也可能再回到短时记忆，被进一步处理，结果可能是进一步寻找信息，也可能是直接通过反应发生器做出反应。预期指期望达到的目标，即学生学习动机，执行控制指认知策略，二者对学习影响很大。

学习的实质是在主客体相互作用的过程中，在反映客观现实的基础上，主体通过一系列的反应运动，在内部构建起调节行为的心理结构的过程。

认知主义学习理论的基本观点包括以下三个方面：

①学习是认知结构的组织与再组织，其公式是 S—AT—R（A 代表同化，T 代表主体的认知结构）。客体刺激（S）只有被主体同化（A）于认知结构（T）之中，才能引起对刺激的行为反应（R），即学习才能发生。

②学习过程是信息加工过程。人脑好似电脑，应建立学习过程的计算机模型。我们可用计算机程序解析和理解人的学习行为。

③学习依赖智力和理解，绝非盲目地尝试。认识事物首先要认识它的整体，整体理解有问题，人们就很难完成学习任务。

3. 人本主义学习理论

人本主义学习理论认为学生是学习的主体，具有学习的潜能。学生必须受到尊重和重视，任何正常儿童都能自己教育自己；学习是人的自我实现和丰富人性的形成；人际关系是有效学习的重要条件，它为学习创设了接受的气氛。

最具有代表性的人本主义学习理论是罗杰斯的学习理论。罗杰斯对意义学习的论述很有特点，他认为意义学习是以人的自发学习潜能的发挥为基础，以学会自由学习和自我实现为目的，以自主选择的自认为有生活和实践意义的知识经验为内容，以自我发起学习为特征，以毫无外界压力为条件的完全自发的、自主的学习。这种学习过程包括了认知过程、情感过程和学习者个性的发展。这种学习使学生的行为、态度、情感、个性等方面都发生了变化。而且这种学习是由学生自我评价的。

罗杰斯还提出促进自由学习的10个方法：构建真实的问题情景、提供学习资源、使用合约、利用社区、同伴教学、分组学习、探究训练、程序教学、建立交朋友小组、自我评价。

4.建构主义学习理论

建构主义学习理论是认知主义学习理论的新发展。建构主义学习理论认为学生是认知的主体，是知识意义的主动建构者，知识不是通过教师传授得到的，而是学习者借助他人的帮助和利用必要的学习资料，通过意义建构的方式获得的。

正如皮亚杰所述，建构是认知结构不断改变和更新的进化过程，学习是一种能动建构的过程。学习所关注的应该是主动的心理建构活动，学习不是个体获得越来越多外部信息的过程，而是学到越来越多有关他们认识事物的程序，即建构了新的认知结构。学习是反映抽象和创造的过程，其在原有认知结构的基础上创造新的认知结构。皮亚杰指出，认知发展受三个基本过程的影响：同化、顺化和平衡。同化指个体对外部因素进行主动的选择、改变，将其纳入原有图式的功能。而图式指以动作为基础的主体认知结构或组织，是一种认知的功能结构，是个体对世界的知觉、理解和思考的方式。个体感受到刺激时，就会把它纳入个体头脑中原有的图式之内，使其原有的图式得到量的扩张。顺化则与同化相反，指个体原有图式不能同化客体时，个体对原有图式进行调整或创立新图式以适应新环境的功能。即当个体感受到的刺激不能用原有图式来同化时，个体就对原有图式加以修改或重建，以适应环境，也就是个体调节自己的内部结构以适应特定的刺激，这一过程就是顺化，顺化的结果是原有的图式得到质的升华。一般说来，个体每当遇到新的刺激时，总是试图用原有图式去同化，如果用原有图式无法同化新的环境刺激，个体便会做出顺化，即调节原有图式或重建新图式。平衡指个体通过自我调节机制，使认知发展从一个平衡态走向另一个平衡态的过程。同化与顺化以图式为基础发生作用，这种作用将导致旧图式的不断充实和更新,这一切都有赖于个体通过自我调节而实现新的平衡。儿童的认知结构就是通过同化和顺化逐步建构起来的,并在平衡—不平衡—新平衡的循环中不断丰富、提高和发展。

综合起来,建构主义学习理论的基本思想包括以下几个方面:

①强调以学生为中心。即充分发挥学生的首创精神,将知识外化和实现自我反馈。

②强调"情境"对意义建构的重要作用。学习总是与一定的社会文化背景及情境相联系的,在实际情境中进行学习,可以使学习者利用原有认知结构中的有关经验去同化和顺化当前学习的新知识,从而赋予新知识以某种意义。

③强调"协作学习"对意义建构的关键作用。学习者与周围环境的交互作用,对一些新内容的理解起着重要的作用。学生在教师的组织和引导下一起讨论和交流,共同建立起学习群体并成为其中的一员。在这样的群体中,共同批判地对各种理论、观点、信仰和假说进行协商和讨论。学习群体共同完成所学知识的意义建构,而不是由其中某一位或几位来完成。

④强调对学习环境(而非教学环境)的设计。学习环境是学习者可以在其中进行自由探索和自主学习的场所,在此环境中学生可以利用各种工具和信息资源(如文字材料、数值、音像资料、计算机辅助教学课件以及互联网上的信息)来实现自己的学习目标。学习环境是一个支持和促进学习的场所,人们应对学习环境进行设计而非对教学环境进行设计。

⑤强调利用各种形式的资源来支持"学"而非支持"教"。为了支持学习者主动探索和意义建构,在学习过程中要为学习者提供各种信息资源。

⑥强调学习过程的最终目的是完成意义建构。传统的教学设计中,教学目标高于一切,它既是教学过程的出发点,又是教学过程的归宿。在建构主义的学习理论中,强调学生是认知主体,是意义的主动建构者。学生对知识的意义建构是整个学习过程的最终目的。

因此,情境、协作、会话和意义建构是学习理论的四大要素。建构主义学习理论指导下的三种教学方法分别是支架式教学、抛锚式教学、随机进入式教学。

支架式教学,教师为学生营造一个解决问题的概念框架,通过适当的启发引导,帮助学生沿框架逐步攀登,并逐渐放手,让学生自己继续向更高水平攀升。

抛锚式教学,以真实事例或问题为基础,让学生自主地到真实环境中去感受、体验。教师可以向学生提供解决问题的有关线索,如从何处搜集资料、专家解决此类问题的方法等。

随机进入式教学，教师以尽可能多的角度，呈现事物的复杂性和问题的多面性。学生通过不同途径多次进入同一学习内容，这样就能实现对所学知识全面而深刻的意义建构，同时可发展理解能力、思维能力和对知识的迁移运用能力。

在建构主义学习理论指导下，教师不再是知识的传授者，而是学生的帮助者，为学生提供有利于意义建构的学习环境，使学生能够建构完整的意义，并进行主动的学习。学习环境的建构包括制作学习软件、提供学习指导、执行教学计划等。

但在建构主义学习环境下，我们不能把教学目标与意义建构对立起来。我们应在完成教学目标分析的基础上，以基本概念、原理、方法和过程作为当前所学知识的主题，让学生围绕这个主题进行意义建构。

在职业教育中，学习过程和教学过程极其复杂，我们不可能用一种理论来全面概括教学和学习的规律，上述理论都是从不同的角度或不同侧面来阐述教与学的规律的。在具体的职业教育过程中，我们要选用恰当的学习理论，使教育技术真正达到优化教育教学的效果。

5. 社会学习理论

班杜拉的社会学习理论认为，行为主义几近"环境决定论"，个体行为（反应）由外部环境（刺激）决定；而认知主义则几近"个人决定论"，个体行为（反应）由个体（内部因素）决定，两者都是"单向决定论"。实际上，个体（认知和其他个人因素）、环境和行为（反应）作为相互交错的因素而起作用，它们之间相互影响，三者交互作用的模型如图3-2所示。

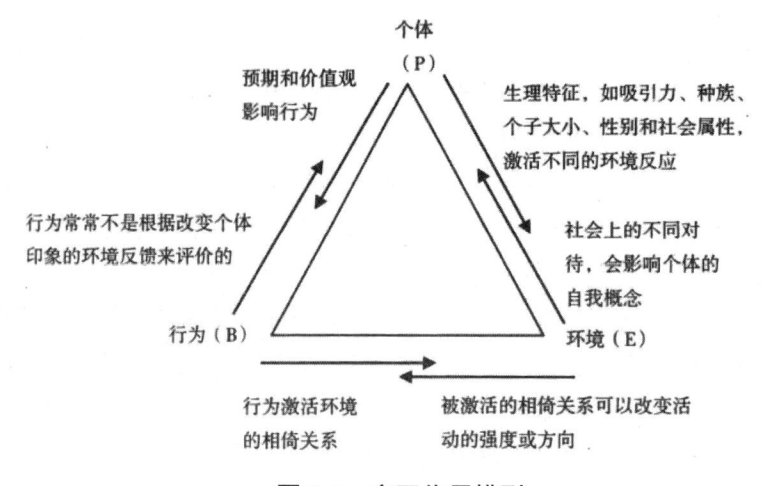

图3-2 交互作用模型

班杜拉社会学习理论的基本观点有以下几个方面：

①人类的许多学习都是认知性的，一个人的认知内容对一个人的知觉、解决问题的能力和动机等具有决定性影响。

②反应结果是人类学习的主要来源。反应的发生会导致某种结果，这种结果对个人的行为产生影响，反应结果具有信息功能、动机功能、强化功能。信息功能指个体了解某些行为在某种条件下会导致成功或失败，从而对某种条件下的行为结果做出假设。动机功能指个体已掌握的信息，可以通过预见和期望，成为行为的诱因条件。强化功能指个体增加或减少原来这种反应的能力。

③观察学习是学习的另一个重要来源。人类的许多行为都是通过观察他人的行为及其结果而习得的，观察学习的完整过程包括四种成分，缺一不可，如图3-3所示。

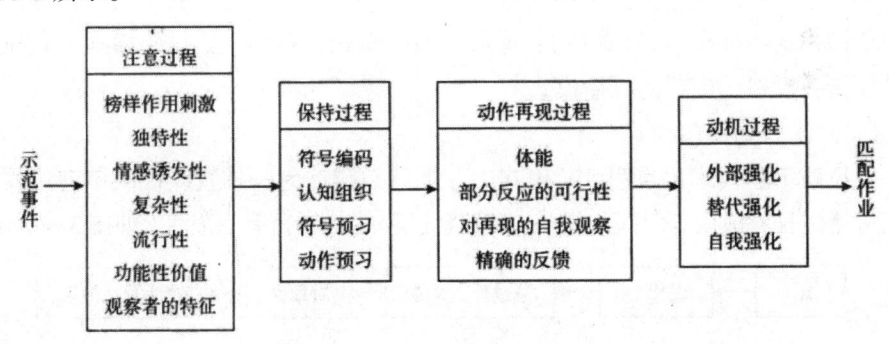

图3-3 观察学习的完整过程

观察者以某种方式注意示范事件，通过观察学习到的东西必须用符号加以编码和储存。观察者具有相应的动作能力去再现由符号编码保持的示范事件，在适当的诱因下，观察者表现习得的行为。

④展现示范可产生不同的效应。它们分别是观察学习的效应，习得新的反应；抑制效应，加强或削弱已有行为的抑制；促进社交的效应，引发行为库中已有的反应。

⑤观察学习是规则和创造性行为的主要来源。班杜拉在其理论中十分强调自我效能感的作用，自我效能感是人们对自己能否有效地进行某一行为的判断，它对人们的行为起调节作用。自我效能感决定人们对活动的选择以及对该活动的坚持性，影响人们在困难任务面前的态度，影响新行为的习得及习得行为的表现，影响人们活动时的情绪。

总之，根据班杜拉的个体、行为、环境三者相互依存的互动理论可知，教育信息化环境对学生行为的影响以及信息技术对教育教学的作用是显而易见的，信息化时代所需要的人才，必须在信息化的环境中培养。

三、教育传播理论

传播是人类社会信息交流的过程，是人类利用各种媒体把信息从信息源传递给接收者的过程。

1. 教育的传播模式

传播可分为大众传播和人际传播两大类。按传播内容可以分为新闻传播、教育传播、经济传播、娱乐传播、科技成果和服务传播。

传播过程是一种信息存储和交换的复杂过程。人们为了研究这一复杂过程，首先将这个过程简化为若干个组成要素，然后分析这些要素在传播过程中的地位和作用，以及这些要素之间的相互联系和相互作用，这样就构成了多种多样的传播模式。如拉斯韦尔模式、香农－韦弗模式、香农－施拉姆模式、施拉姆循环传播模式、贝罗的传播模式。

（1）拉斯韦尔模式

拉斯韦尔模式（也叫 5W 模式），把传播描述为一种直线性的单向过程，把传播过程看成由 5 个部分组成，对教学过程的分析富有启发性，如图 3-4 所示。

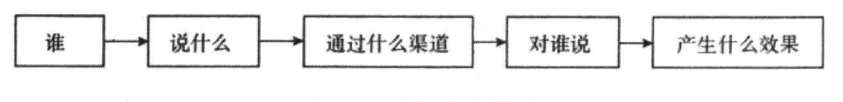

谁 → 说什么 → 通过什么渠道 → 对谁说 → 产生什么效果

图 3-4　拉斯韦尔模式

（2）香农－韦弗模式

香农－韦弗模式（如图 3-5），把传播描述为一种直线性的单向过程，包括信息源、发射器、信道、接收器、接收者以及噪声 6 个因素，这里的发射器和接收器起着编码和解码的功能。传播过程中，还有一些噪声对它起干扰作用。

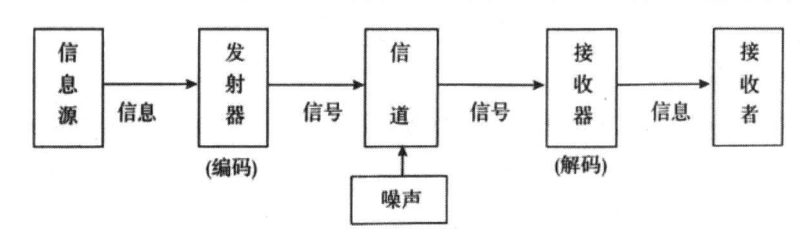

信息源 →信息→ 发射器 →信号→ 信道 →信号→ 接收器 →信息→ 接收者
　　　　　　　　（编码）　　　　　　↑　　　　　　（解码）
　　　　　　　　　　　　　　　　　噪声

图 3-5　香农－韦弗模式

（3）香农－施拉姆模式

施拉姆对香农的传播模式做了改进，加入反馈，强调信息源与信息接收者的经验领域有重叠的共同经验部分时，传播才能完成，如图 3-6 所示。

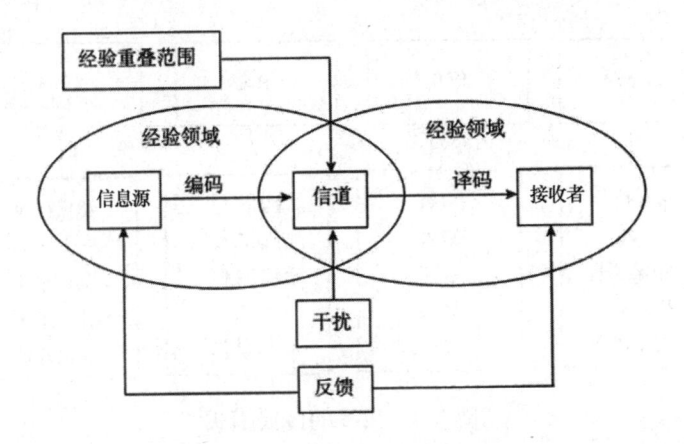

图 3-6　香农－施拉姆模式

（4）施拉姆循环传播模式

施拉姆提出的循环传播模式体现了传播的双向性。在传播过程中，传播者和接收者都是根据他们的知识和技能进行编码和译码的。该模式着重强调传播的双向性，传授双方同时是编码者、释码者、译码者，如图 3-7 所示。

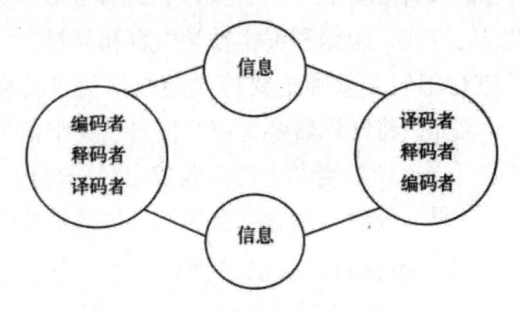

图 3-7　施拉姆循环传播模式

（5）贝罗的传播模式

贝罗的传播模式把传播过程分解为 4 个基本要素：信息源、信息、通道和接收者，如图 3-8 所示。

①信息源和接收者。影响信息源和接收者的主要因素是他们的传播技术、态度、知识水平、社会系统以及他们具备的文化背景。

②信息。影响信息的因素有内容、要素、处理、结构、编码。

③通道。通道指传播信息的各种媒体。包括视觉媒体、听觉媒体、触觉媒体、嗅觉媒体、味觉媒体。

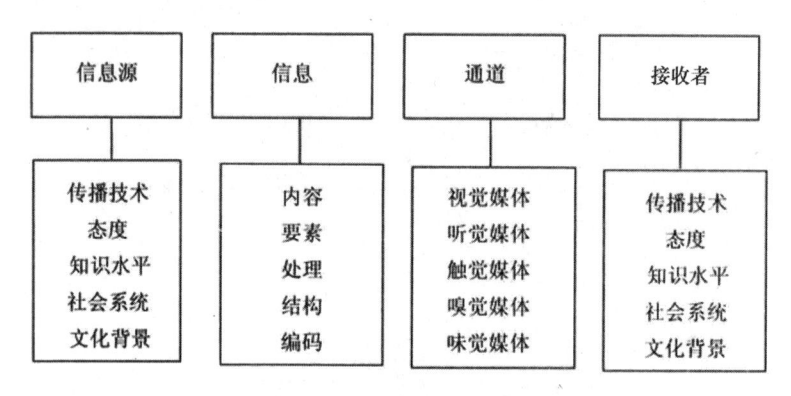

```
信息源          信息          通道          接收者
传播技术        内容          视觉媒体       传播技术
态度            要素          听觉媒体       态度
知识水平        处理          触觉媒体       知识水平
社会系统        结构          嗅觉媒体       社会系统
文化背景        编码          味觉媒体       文化背景
```

图 3-8 贝罗的传播模式

贝罗的传播模式着重强调传播过程各个要素的基本特征。

2. 教师在教育传播过程中的任务

作为传播者，教师在教育传播过程中处于发送信息的一端，主要的任务是提供教学信息、对教学信息进行编码以及对教学信息进行再反馈。

①提供教学信息。教师根据教学目标要求，选择和收集适当的信息内容，以一种学生容易理解的方式，组织和编排教学内容和材料。

②对教学信息进行编码。教师把要传递的教学信息转换为能够传递的信号，以便传送出去。比如，将知识转换为声音信号、文字信号、图像信号等。

③对教学信息进行再反馈。当学生把接收信息后的反应反馈给教师后，教师对学生的反应进行译码、分析，然后把教学信息传播的效果再反馈给学生。

3. 影响传播者和接收者传播能力的因素

在传播过程中，影响传播者和接收者传播能力的因素主要包括以下两个方面：

（1）传播技能

传播技能包括语言的传播技能和非语言的传播技能。语言的传播技能包括说和写的技能；非语言的传播技能包括姿势、感情和动作等。教学信息传播的成功很大程度上依赖于教师的传播技能。

（2）态度

影响传播者（接收者）的传播能力的态度包括对自己的态度、对学科的态度、对接收者（传播者）的态度。传播者（接收者）对自身知识水平和能力的自信心，积极的自我意识；对学科的了解程度，是否喜欢这个学科，是否感到它很重要；是否认可接收者（传播者）等因素都会大大影响其传播的能力。例如，教师对学生的态度也会影响他们和学生之间的有效的信息交流。

总之，教育教学过程是一个信息的传播过程，借助传播理论可揭示教学系统中各个要素之间的联系，描述教学过程中信息的传播。教育教学活动可以看成一种教育教学传播活动，因此，教育传播就是教育信息的传播活动，它是按照一定的教育目标，通过教学媒体，把相应的教育信息传递给特定教育对象的过程。

四、系统科学理论

系统科学是以系统思想为中心的一类新型的科学群。主要包括控制论、信息论、系统论。近年来，系统科学的学习原理被广泛应用于教育系统分析及课堂教学的信息加工、反馈与控制等方面。系统科学理论的三对相关概念和三个原理对教育系统设计有直接的指导作用。

1. 系统科学相关概念

（1）系统与要素

系统指由相互联系、相互作用的两个以上要素构成的具有特定功能的有机整体。

要素是系统中的主要元素，是系统的主要组成部分。要素以其特有的功能保证系统功能的实现，是完成系统某种功能的最小单元。系统的要素共存于系统之中。它们是相互依存、缺一不可的。系统中各要素是对立统一的。系统包括要素，要素是系统的组成部分；没有要素就没有系统，反之没有系统就没有要素。没有孤立的系统或要素。

要素与系统在一定的条件下可以相互转化，即在不同的层次上可以相互转化，如图3-9所示。

图3-9 系统与要素的关系

（2）结构与功能

结构是系统中各要素之间联系的形式。结构决定了系统的组织特性，结构不同，系统中具有不同功能的要素起的作用不同。

功能指系统在一定环境中所能发挥的作用，它不仅取决于系统的各个要素的作用，而且取决于要素之间的关系和联系，即取决于系统的结构。

结构与功能相互依存、相互联系和相互决定。没有结构就没有功能，功能总是由一定的结构决定的，结构也是一定功能形成的。二者相互制约，结构决定功能，功能反作用于结构。系统的结构发生变化到一定程度，会导致系统产生新的功能；系统的功能发挥到一定程度，也会导致系统出现新的结构。

（3）过程与状态

系统状态的运动变化即过程。系统在某一时刻的特性体现即状态。状态是系统稳定的一面，是系统过程的结果；过程是系统变化的一面，是系统不同状态的连续。系统状态的变化构成了过程。状态与过程是不可割裂的，没有过程的状态是不存在的，没有状态的过程也是不存在的。两者相互依存、相互联系。系统的状态决定和影响着过程，系统的过程也决定和影响着新的状态，两者往复循环，相互制约。研究系统的状态要与研究系统的过程结合起来，我们可以通过过程去研究状态，通过状态去认识过程。

2. 系统科学原理

（1）反馈原理

反馈是控制的基本方法和过程。将系统过去控制作用的结果再送入系统中去，使其作为评价控制状态和调节以后控制的依据，这一信息传递过程就叫反馈，如图3-10所示。

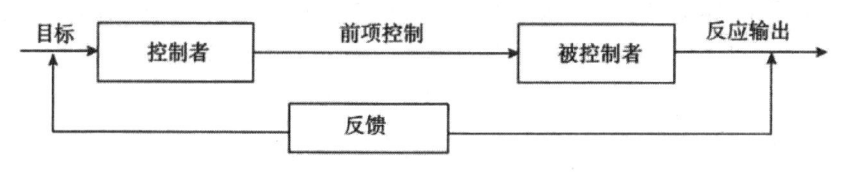

图3-10 反馈原理

任何系统只有通过反馈信息，才能实现有效的控制，从而达到控制的目的。所有控制系统的信息通道必然是一个闭合回路，没有反馈信息的系统不可能实现控制。判断教育是否已经实现了教育目标时，人们需要及时了解教育的现状，找出现状与目标的差距，从而改革教育过程。

（2）整体原理

任何系统只有通过相互联系形成整体结构才能发挥整体功能。任何系统的整体功能等于各个组成部分功能之和加上各部分相互联系形成结构所产生的功能。即：

$E_{整体} = \sum E_{部分} + E_{联系}$

在教学中，教师可以采取整体—部分—整体的策略进行教学，任何学科的教学，都不能仅仅传授一些孤立的知识，而要注意各知识之间的内在联系，使学生形成学科的整体结构，在掌握各部分教学内容的同时把握部分与部分之间的关系，把握学科知识与相关学科之间的外在联系等。在教育技术中，教师不能孤立地看待各种不同媒体的作用，也不能孤立地看待信息技术的作用，而要从整体的、全局的角度探索教育技术。

（3）有序原理

系统开放，有涨落，远离平衡态，才能走向有序。系统与外界有物质、能量、信息的交换，才能走向有序。有序指系统的组织化程度走向增加，如系统由低级结构走向较为高级的结构，系统的功能也随之增加；系统从无序的混乱状态走向有序。涨落指因系统内部因素的影响，系统稳定状态（平衡状态）的偏离。而远离平衡态的非平衡态，则是有序之源。

在认知过程中，正是认知关键点上的涨落，导致人们认识上的飞跃，使人们产生直觉、灵感。实际上，皮亚杰关于认识发展的同化和顺化就是非平衡的两种体现，如图3-11所示。

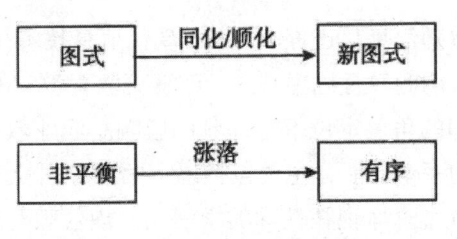

图3-11 有序与图式

另外，人的学习是从易到难、从低到高的。大脑的思维过程，就是大脑内各认知子系统之间交换信息的有序过程，因此，学生必须善于思考，善于协作交流，吸收来自各方面的有用信息，并在知识的迁移中不断地改正错误，改进学习方法，使自己的认知结构越来越有序，这样表现出来的能力也就会越来越强。

第四节 职业教育教师的信息化教学能力

一、职业教育教师信息化教学的基本技能

虽然职业教育教师的信息化教学在仿真课、理论课和实践课中应用的具体形式不同，但是职业教育教师的信息化教学的理念是相同的，就是让学生能更好地接受教育教学，掌握知识内容，熟练、规范地操作；能够评估加工方案和

加工程序的合理性与可行性，并能进行检查和评估；能够认真细致地观察、发现、分析和解决问题，与他人进行交流和沟通，有较强的团队协作精神。在仿真课中，教学环境一般达到学生每人一台计算机，计算机系统内都配备专业所需要的仿真系统软件，教师可利用虚拟技术等先进教育技术开展教学。在这样的环境中，职业教育教师就要具有较强的计算机虚拟现实技术，熟悉学生的认知发展规律，掌握学生的职业成长过程。理论课教学一般在车间中进行，车间内配备多媒体教室，在这种课程中，职业教育教师要具有整合信息化工具的能力，将信息化工具作为辅助教学工具，用来提高课堂的教学效果。实践课的实训一般都采用"教室+车间"模式，具有"车间里面有教室，教室旁边有实训设备"的环境特点，完全满足"教学做一体化"的教学要求。这就要求职业教育教师不仅要具有一定职业技能水平，还要具有信息化教育教学能力，能够根据职业教育的特点编写电子教案、课件，能够运用现代教学手段进行教学，并能在教学中熟练地操作示范。

1. 现代教育观念

随着职业教育教师信息化进程的加快，现代信息技术在职业教育中的应用，不仅强烈地冲击着人们的教育思想观念，改变着教育教学的环境、过程、方式、方法，同时也给教师的角色定位带来深刻的影响。职业教育教师信息化要求教师具备信息化教学的基本技能，主要包括以下两个方面：

首先，现代教育观念体现在教师的学习上。现代教育观念不再单方面强调教，更关注学习者如何学，强调对学习者的学习需求和学习特点的研究，重视学习者的个性需求。因此，教师的角色发生了重大的转变，即从知识的传授者变成教学活动的设计者，学习环境的开发者，学习者学习过程的帮助者、调控者和评价者。

其次，现代教育观念还体现在教师的技术观上，即如何看待信息技术的作用。从"以学为中心"的学习观出发，信息技术的应用旨在为学生的主动探究、协作学习服务，创建相应的学习环境成为信息技术应用的核心。技术不应当仅仅成为教师传递知识的工具。

2. 教育信息资源获取与应用能力

信息化教学设计强调以现代教育理论为指导，以信息技术为主要手段，充分利用各种教育信息资源，对教学过程的各个环节做出科学合理的规划，使教师的教和学生的学与信息化时代紧密相连，以培养符合信息时代要求的人。因而，教师必须具备获取与应用教育信息资源的能力。

二、职业教育教师教学设计与实施能力

信息化教学设计指以信息技术为支撑的教学过程设计，强调在教学中把技术资源和课程有机整合，促进教学过程的最优化。信息化教学设计是信息化教学的重要思想和方法，是运用系统方法确定教学目标、组织教学资源、选择教学策略、制定教学方案和评价教学效果的过程。对职业教育教师而言，信息化教学设计与实施能力，是信息化教学素养的核心能力。

三、职业教育教师教学管理能力

在以多媒体计算机和网络通信为主的现代信息技术环境下，职业教育教师必须具备信息技术与课程有效整合的能力，具有查询、设计和开发信息化教学资源的能力。学习环境的改善，为各种学习的组织提供了良好的条件。但要发挥信息化学习环境在教学中的作用，教师必须对学习环境进行管理。教师需要创设适合教学内容的学习环境，协助学生适应学习环境，及时解决教学过程中出现的各种问题，在学习环境中设计各项学习活动。

四、职业教育教师教研与发展能力

现代职业教育强调广大教师的专业发展，其核心之一就是科研素养，这是教育改革的原创潜能，也是衡量职业教育教师是否成熟的重要标准。在教师专业化发展的背景下，教师如何在教育专业上不断成长，更新专业结构、提升专业水准、获得持续发展，是每个教师在其职业规划时必须考虑的问题。从这一视角出发，相对于传统教师，职业教育教师更应在教学研究能力和终身学习能力方面有所提升。教师作为研究者，需要重新审视理论与实践的关系，通过自身的教学实践反思，促进教育理论的发展。信息社会是学习型的社会，对每个人都有终身学习的要求，教师更应成为终身学习的职业。因此，如何运用信息技术，促进教师自身的专业化发展，是教师信息化素养所关注的重要内容。

研究型的教师是职业教育教师的发展目标，其核心观点是教师善于将科学知识、教育理论、科研方法和现代信息技术整合在一起，产生良好的效能感和形成较高的反思能力。通过教育教学研究，职业教育教师能根据教育情景的变化，及时而灵活地采取恰当的行为来促进教育的开展；遵循教育规律形成独特的教育风格，产生高质量的教育成效和科研成果。同时，教研活动也是联系教师与课堂教学的纽带，职业教育教师的教研活动对于创造性地实施理论课程与实践课程，全面落实人才培养目标，切实提高教育教学质量，促进职业教育教

师的专业发展具有重要的意义。

网络作为现代信息技术的典型应用，为职业教育教师的教育科研提供了有力的支持。首先，利用网络可以突破时空限制，实现教师之间的资源共享。其次，利用网络可以促进教师之间的合作学习。以 BBS、E-mail 为主的网络交流工具可以加强教师与学生、教师与专家之间的合作学习与交流对话，网络使这样的合作交流成为可能。另外，社会性软件维基（Wiki）作为一种网络化写作工具和协作化创作方式，可以实现共同创作，受到越来越多的教育者的关注，非常适合开展课题研究。

五、职业教育教师合作与交流能力

在信息化教学环境中，每个职业教育教师的力量是有限的，教师之间必须加强合作、相互学习。因为教师之间在知识结构、智慧水平、思维方式、认知风格和技术水平等方面都存在着很大差异，即使讲授同一课题，教师在教学内容处理、教学方法选择、教学设计等方面也有明显的差异。这种差异是一种宝贵的教学资源。通过不同教师讲授同一内容的互动，教师可以相互启发、相互补充，实现思维、智慧的碰撞，产生新的思想，使原有的观念更加完善和科学。

在新课程教学理念下，职业教育教师之间的合作交流，除了校内教师的合作交流外，还要加强与其他职业院校教师之间的合作交流，以开阔眼界、启发灵感。

现代信息技术的发展，为职业教育教师的合作与交流提供了多样化的方式和途径。数字化的虚拟学习社区为职业教育教师提供了交流的平台，使职业教育教师结成学习共同体，在共同学习中形成学习型组织，实现专业发展。

第四章 职业教育信息化教学模式

第一节 职业教育信息化教学模式概述

随着计算机、多媒体、网络和人工智能技术的快速发展，信息技术对社会的各个领域均产生了重大影响，特别是改变了人们的教育与学习方式。信息化教学是现代信息技术与教育教学实践结合的产物，信息技术改变了传统教学观念、教学方法及教学模式等。职业教育在信息化时代也毫无疑问地被刻上了信息化的时代印迹，信息化教学同样对职业教育领域产生了重要影响。

一、信息化教学模式的内涵

模式是依据一定的理论基础表征现实活动和过程的一种模型或形式。模式蕴含着某种显现的或潜隐的理论倾向，代表某种对象活动结构的范型。我们一般通过数学、图形或文字的方式，以一种简洁的形式再现对象的活动结构，其是理论和实践经验之间的中介，充当沟通理论与实践的桥梁。模式有三个显著的特点：第一，模式是现实的再现，即模式是现实的抽象概括，来源于现实，最终归于指导现实的改变；第二，模式是理论性的形式，是一种理论，而非工艺性方法、方案或计划；第三，模式是简化的形式，是高度抽象概括后以简约明了的方式表达出来的形式。

教学模式指在学习环境设计理论与实践框架指导下，为实现一定的教学目标而构建的教学活动结构和教学方式。教学模式是将学习环境设计理论转化为具体教学活动结构和操作程序的中介，一方面，教学模式的构建要自觉遵循学习环境设计理论，另一方面，我们要根据具体的教学实践情境，确定相应的教学活动结构和操作程序。教学模式的上位概念是学习环境设计理论，下位概念是教学策略、方法和技巧。

教学模式具有如下几个显著特征：

第一，原型。原型是对教学活动方式的抽象概括，源于教学活动经验。成熟的教学模式的基本结构相对稳定，但它不是一成不变的，而是一个开放的和不断完善的动态系统。

第二，模型。模型是各要素及其相互关系结构化、简约化的表达方式。教学模式是对理论基础、目标、条件、策略/方法和评价的有机整合，是对教学的空间关系和时间关系的系统概括。在空间上表现为多要素的相互作用方式，在时间上表现为操作的过程和顺序。

第三，范型。范型指在一定的范围内，教学模式具有一定的代表性和示范性。任何教学模式都具有一定的适用范围，都有其独特的运作条件和系统的策略/方法。由于其形象具体的表征、开放性的动态结构和可操作性的特点，因此它具有启示、借鉴、模仿、迁移、转换的价值。

教学模式有五个基本构成部分，即理论基础、目标倾向、实现条件、操作程序和效果评价。具体来说，教学模式以哲学、心理学、文化学、教育学和技术学等为理论基础，针对特定的教学目标而构建，教学模式是各种条件（如教师、学习者、内容、技术、策略、方法、时间和空间）的优化组合结构，具体教学活动程序可以根据实际的教学情境而灵活变通。因目标、程序、条件等的不同，每种教学模式有不同的评价标准和评价方法。

信息化教学模式是新的时代条件下教学模式的新发展，是技术支持的教学活动结构和教学方式。它有着技术丰富的教学环境，直接建立在学习环境设计理论与实践框架基础上，包含相关教学策略和方法。它的表层特征是信息技术的应用，深层特征则涉及人才观、教育观、学习观、教学观、技术应用观和评价观等方面的系列变化。

二、职业教育信息化教学模式的内涵

从现代化的角度看，始于20世纪40年代的第三次科技革命推动发达工业国家先后完成了第一次现代化，人类社会由工业时代进入了知识经济时代，开始了第二次现代化进程。职业教育也在教育的民主化、终身化和现代化的趋势中，进入了信息化发展时期，成为教育信息化的重要组成部分。

1999年联合国教科文组织召开了第二届国际技术与职业教育大会，为21世纪第一个10年设计了行动计划，包括将职业教育作为终身教育体系的重要组成部分、进行职业教育课程改革、进行全民职业教育等方面，其成为各国改革与发展职业教育的依据。2006年，美国颁布并开始实施《帕金斯法案》，该法案以更全面、充分地发展接受中等和中等后职业教育的学生的学业和职业技术技能为目标，全面体现了"从学校到工作"到"从学校到生涯"理念的转变。2002年欧盟启动了"哥本哈根进程"，旨在加强各成员国在职业教育与培训领域的合作，并于2008年4月推出了欧洲职业教育与培训学分系统。这些措施是对知识社会中职业教育信息化、终身化发展态势的回应。

1978年以来，我国职业教育事业发生了重大变化，学历教育与职业培训并举、形式多样、灵活开放、有中国特色的职业教育体系框架已基本形成，这极大地提高了我国劳动者的素质，明显地改善了我国从业人员的结构，有力地支持了我国社会主义现代化建设，在我国现代国民教育体系和终身教育体系建设中，发挥着极其重要的作用。在职业教育信息化方面，我们要积极构建职业教育信息化的国家主干网络。职业教育信息化初期，由于职业学校校园局域网的网外运行受制于网络运行空间、运行速度、运行成本等，职业学校校园网是局域网性质的，校园内部的数字化教学与管理信息"孤岛"现象严重。2002年我国建成了"中国职业教育与成人教育网"门户网站。随着国家级重点中等职业学校评估管理信息系统、全国中等职业学校毕业生就业信息服务平台、全国中等职业学校学生管理信息系统等专业网络陆续开通和使用，职业教育系统办公信息网的架构基本建成。同时，我国也在大力开发职业教育信息化的课程资源。教育部面向全国中等职业学校、职业教育科研机构和有关出版单位征集评选优秀多媒体课件，并将征集到的优秀课件公布在国家级相关网站上，供全国中等职业学校师生学习和使用。这是加快职业教育课程资源建设的重要举措，在这样的背景下，职业教育信息化成为时代的必然选择。

职业教育的本质是在专门学习场所或工作场所通过信息传递来促进人的职业素质发展的实践活动。《中华人民共和国职业教育法》明确提出，职业教育是国家教育事业的重要组成部分，是促进经济社会发展和劳动就业的重要途径，以培养社会大量需要的具有一定专业技能的熟练劳动者和各种实用人才为主。职业教育的主要特点有以下几个：

第一，区域性。职业教育的区域经济功能已经成为推动职业教育发展的根本动力，并且职业教育真正承担起了推动经济发展的重任。因此，职业教育必须针对本地区经济社会发展的状况，以及岗位需求状况，开展教学工作，以便更好地服务于地方经济、社会。

第二，实用性。职业教育就是要突出"实用""应用"等特点，强调教学与生产实践紧密结合，以及实践教学方案和实训基地的融合。职业教育应加大对学生实践能力的培养，要给学生创造企业生产环境，使学生了解、熟悉并掌握企业的生产规律、工艺、设备和技术等。

第三，开放性。职业教育的对象不仅是应届学生，还包括为转岗换岗而继续学习的群体，可以说职业教育对象的差异性非常大。同时，他们对学习时间上的要求也是灵活多样的，职业学校必须灵活安排教学，以便学生根据自己的实际情况选择合适的上课时间。

第四，时代性。职业教育是培养生产、技术、管理和服务第一线的高素质技能型专门人才的教育，这就要求职业教育必须及时关注新技术、新工艺，及时在培养目标、课程开发及专业设置等方面做出积极调整，这无疑使职业教育具备了鲜明的时代特色。

在终身教育的时代诉求和职业教育特点的要求下，信息技术成为职业教育内涵式发展和现代化进程中的重要支撑力量，职业教育的信息化程度与深度直接影响职业教育的质量与长远发展。职业教育信息化教学模式是职业教育信息化过程中的重要方面，运用信息化教学模式，提升职业教育教学质量是职业教育发展的关键环节。

职业教育信息化教学模式指在学习理论与实践框架指导下，在信息技术的支持下，为促进人的职业素质发展而构建的教学活动结构和教学方式。它是学习理论与具体的职业教育教学活动之间的中介，是理论向实践转化的桥梁，支撑这个桥梁的重要支柱就是信息技术。职业教育信息化教学模式的表层特征是信息技术在职业教育教学实践中的应用，深层特征则涉及职业教育的人才培养观、终身教育与学习观、技术应用与创新观等方面的系列变化。

三、职业教育信息化教学模式的特点

（一）开放性

信息化的教学模式可以依托校园网、互联网进行构建，使教学资源实现网络化的收集和管理。由于网络资源的共享性，教学资源的范围得到极大的扩展，课堂上的信息变得丰富多彩，教师和课本不再是唯一的信息来源，教学资源的搜索速度和利用效率也得到很大的提升。同时，教学媒体的交互性使得学生可以通过多媒体技术主动参与教学过程，自主地选择学习的内容和进度，并可以随时和教师、同学进行交流。网络上的教学资源在不断地更新，这有利于新知识、新技术、新观点的传播。

（二）实用性

信息化教学模式下的教学可以运用多种媒体，如文本、声音、图像、动画

和视频等，这些媒体的运用不仅能扩大知识信息的含量，还能使学生对学习的内容产生浓厚的兴趣，提高学生学习的积极性。多种媒体的运用还可以充分调动学生的多种感官，为学生提供一个良好的学习情境。对于以促进人的职业素质发展为宗旨的职业教育来说，信息化教学模式所体现出来的实用性使得教学效果大大提升。

（三）主动性

在信息化教学模式中，现代教育技术手段的加入，尤其是多媒体计算机和网络的加入，使学习者学习的方式变得多样化。在信息化教学环境中，教师的主要作用不仅仅限于提供信息，更多的是培养学习者自身获取知识的能力，指导学习者的学习探索活动，让学习者主动思考、主动探索、主动发现。在整个教学活动中教师有时处于主导地位，但更多的时候教师是课堂教学的组织者、指导者和促进者。学习者有时处于传递—接受的学习状态，但更多的时候是在教师的指导下进行主动思考与探索。教学媒体有时作为辅助教学的教具，但更多的时候是作为学习者自主学习的认知工具。所有这一切都指向学习者，从而有利于提高学习者学习的主动性和积极性。

（四）协作性

计算机的网络特性有利于学生实现协作式学习，并能促进学生高级认知能力的发展。在网络环境中，不同的学习者通过相互协助、相互竞争或分角色扮演等多种不同的形式来进行学习。通过学习者间的协商和辩论，每位学习者的思维和智慧为大家所共享，这有助于每位学习者从不同的侧面加深对当前所学知识的理解和掌握，并对学习者高级认知能力的发展、合作精神的培养和良好人际关系的形成有明显的促进作用。

（五）创新性

信息时代的学生要提高自身的社会适应性和自我发展能力，必须不断地学习，拓宽自己的知识面。众所周知，互联网是世界上最大的知识资源库，它拥有最丰富的信息资源，而且这个知识资源库是按照符合人类联想思维的超文本结构组织起来的，因而特别适合学生进行"自主发现、自主探索"式的学习，其为培养学生的信息获取、信息分析和信息处理能力提供了理想的环境，为学生发散性思维、创造性思维的发展和创新能力的提高提供了肥沃的土壤。

（六）高效性

改变传统教学模式、建立新型教学模式就是为了追求最优化的教学。信技术的发展使人类生活的方方面面都大大提高了效率。在教育领域，信息技术被用来支撑高级的心智过程，当信息技术成为学生的认知工具时，其能帮助学生用具体的方法来表征自己的思维，并使学生的推理过程可视化和得到验证，这样教学效果必将得到提升。现代网络、多媒体、人工智能、人机交互等计算机与通信技术的发展，为信息化教学模式的实现提供了物质基础。

四、职业教育信息化教学的基本模式

（一）课堂讲授教学

课堂讲授教学模式是最传统的一种教学模式，信息化条件下的讲授型教学模式与传统的讲授型教学模式相比有很大的改进，在教学资源的多样性和教学的互动性等方面取得了突破。该模式下的教学资源多数是多媒体课件和校园网资源库提供的文本、声音、图像、视频等的集合体，不仅信息量大，而且内容丰富，可以真正实现以学生为中心的情景式教学。

（1）同步式讲授

同步式讲授的框架与传统讲授模式的框架基本相同，但教学内容更加丰富、生动形象。教师在课前可以准备好各种教学材料，教学过程中以计算机多媒体演示的形式向学生授课，教师甚至还可以通过网络视频会议的方式进行实时网络授课，利用软件实现随机问答。这种模式真正让课堂变得有声有色，极大地丰富了教学内容，增强了教学内容的表现力，能充分调动学生的各种感官，加深学生对学习内容的理解，真正提高教学的效果。这种模式的可行性比较高，只要有一个比较通畅的校园网和功能齐全的多媒体教室，有比较丰富的多媒体教学资源，教师经过一定的培训就可以实现。这也是中职学校普遍采用的一种教学模式。

（2）异步式讲授

异步式讲授主要是教师按照教学要求将教学材料制成多媒体课件，并将其存放在校园网络教学平台的教学资源库中，学生通过提取教学资源库的资料进行自主学习，从而达到教学目的。学生遇到疑问的时候，可以通过电子邮件或者其他的联系方式询问教师，教师再给予解答。这种模式是一种完全的双向教学模式，可以24小时全天候在校园网上进行。在这种模式下，学生是学习的主体，教师只提供必要的指导。这种模式有助于提高学生学习的主动性，增强学生自我思考、自我解决问题的能力。

（二）个别自主学习

在传统的教学模式中，个别自主学习由于时间、场地等原因有很大的局限性。在信息化的条件下，个别自主学习模式得以充分展开。网络教育平台可以为学生提供一个集成化的学习环境，包括多媒体学习系统、辅助学习系统、实践环境和师生交互环境等，学生可以在各个教师开设的网络虚拟课程中选择自己喜欢的课程进行学习。学生可以完全按照自己的安排完成学习，自主地选择学习内容的难度和学习的进度，并可以随时通过电子邮件或者论坛和教师、同学进行交流。这样的方式有利于学生互相启发、互相帮助、开阔思路、共同提高。这种模式有别于传统的个别辅导，学生在进行自主学习之后提出问题，教师为满足学生个体的需要而进行引导，即为学生自行构建知识意义而进行的一种引导，学生在学习中的主体地位显而易见。

（三）小组协作研究

小组协作研究模式指教师通过计算机网络和多媒体等向学生提供不同类型的研究专题，多个学生可以通过互相协作或者分角色扮演等多种不同的形式参与到专题研究当中，并通过校园网络提供的自由讨论区对专题研究进行交流，达到对教学内容比较深刻的理解。在共同完成某个学习任务的过程中，既强调了学习的个体化，培养了学生的创造意识、科学的思维习惯、发现问题和解决问题的能力，有利于学生高级认知能力的发展，又实现了教师与学生思维和智慧的群体共享。

（四）探索学习模式

传统的探索学习模式是一种辅助教学方式，教师以权威者的角色组织教学，问题由教师提出，学生从教师那里与书本中获得有关的知识信息，往往得出教师暗示、预设或直接提出的统一结论，这样很难达到探索学习的真正目的。信息化校园则可以为学生提供形式多样、内容丰富、大容量、交互性的学习资源。虽然教师的权威性在其中有所削减，但有利于学生根据探索主题，从丰富的资源库中自由取用信息；有助于教师和每位学生的思想智慧为群体共享；有益于整个学习群体共同完成对所涉问题的意义建构。在这种模式下，教师要做的就是对学生不能解决的问题给予启发和提示。学生能快速、平等地从网络上获取学习信息，充分利用网上的教学资源和智能化的教学环境进行探索发现。在问题的解决过程中，学生变以往的被动接受为主动探索，教师只给予启发和提示，而不是给学生做出结论。这种模式能使学生处于积极主动的地位，能更有效地激发学生的学习兴趣和探索精神，鼓励学生的创造和发明，对于提高学生的创造能力有很大的帮助。

第二节 信息化教学的典型模式与案例

一、基于项目的教学模式

1. 项目教学的意义与内涵

项目教学是当今职业教育教学改革发展的一种方向和趋势。在职业教育中，项目教学是师生通过共同实施一个完整的"项目"而进行的教学实践活动。其中的"项目"既可以是以生产一件具体的、具有实际应用价值的产品为目的的工作任务，也可以是一项服务。项目教学的指导思想是将一个相对独立的任务项目交予学生独立完成，从信息的收集、方案的设计与实施，到完成后的评价，都由学生具体负责。通过项目的实施，学生可了解和把握完成每个项目每一环节的基本要求与整个过程的重点难点。教师在教学过程中起到咨询、指导与解答疑难的作用。项目教学强调以工作任务为依托组织教学内容，以学生为主体开展教学活动，以多样化的解决任务的策略展示学习成果，它按照市场、行业、企业的要求，有针对性地进行专业技能教学，是更具体、更实际、更适合企业人才规格要求的一种教学模式。

项目教学之所以能作为一种新型的教学模式，并在当代职业教育界受到大力推崇，归结于它不但拥有足够的理论依据，还具有较强的实践价值。项目教学的理论基础主要有现代认知理论、建构主义学习理论、实用主义教育理论和情境学习理论等。其实践价值表现在以下三个方面：

（1）能促进教学思维的变革

项目教学体现了以"生"为本的教学理念，使人们意识到，学生是教学过程中的主体，不再是知识的被动接受者，而是知识的主动建构者。教师只是学生学习的组织者、引导者、咨询者和评价者。通过项目教学，学生能在项目活动中得到锻炼和提高。

（2）能推进教学内容的改革

在当前的一些职业教育教学中，理论性教学内容偏多，教学内容往往求全、求深，学生所需的实用性技能操作训练较少，因而难以满足生产实践的实际需求。实施项目教学，在很大程度上能避免这种状况的出现。项目教学针对性强，促使职业教育围绕"生产过程"展开，面向企业实际并服务于企业的课程内容，让学生在学习过程中掌握实用的专业技能。

（3）能推动教学方法的改革

项目教学注重合作与互动，采用较多的是工作小组的学习方式，它改变了以往学生被动接受的学习方式，创造条件让学生积极主动地去探索和尝试。在项目教学中，从情景创设到问题分析、信息收集、协作学习、评价展示，学生参与整个过程的每个环节，成为活动的主人。推行这种师生之间互动多、学生之间合作多、学生亲身体验多的教学方法，有助于传统的"纸上谈兵"的陈旧教学方法的改革。

2. 项目教学的构成要素

项目教学主要由内容、活动、情境和结果四大要素构成。

（1）内容

项目教学是以真实的工作情境为基础挖掘课程资源的，其主要内容来自真实的工作情境中的典型的职业工作任务，而不是在学科知识的逻辑中建构的课程内容。项目教学的内容应该与企业实际生产过程或现实商业活动有直接的关系（如采购材料、具体加工材料），学生有独立完成计划工作的机会，在一定时间范围内可以自行组织、安排自己的学习行为，这有利于学生培养创造能力。

（2）活动

项目教学的活动主要指学生采用一定的劳动工具和工作方法解决所面临的工作任务所采取的探究行动。在项目教学中，学生不是在教室里被动地接受教师传递的知识的，而是着重于实践，在完成任务的过程中获得知识、技能和态度。活动具有一定的特点。首先，活动具有一定的挑战性。任务具有一定难度，不仅要求学生对已有知识、技能能够熟练运用，而且要求学生运用已有知识，在一定范围内学习新知识、新技能，以解决过去从未遇到过的实际问题。学生通过解决问题提高自身的技术实践能力。其次，活动具有建构性。在项目教学中，活动给学生提供发挥自身潜力的空间，学生在经历中亲身体验知识的产生，并建构自身的知识。

（3）情境

情境是支持学生进行探究学习的环境，这种环境可以是真实的工作环境，也可以是借助信息技术条件所形成的工作环境的再现。情境也具有一定的特点。首先，情境能够促进学生之间的合作。在项目教学中，根据项目主题，学生从信息的收集、方案的制订、项目的完成到成果的评估，主要采取小组的工作方式进行学习，为了最终完成项目作品，他们相互依赖、共同合作。其次，情境有利于学生掌握技术实践知识、工作过程知识。技术实践知识与工作过程知识的情境性，决定了这些知识的掌握依赖于工作情境的再现。情境为学生职业能力的获得提供了一种理想的环境，并能拓展学生的能力，使他们为走上工作岗位做好准备。

（4）结果

结果指在学习过程中或学习结束时，学生通过探究活动所学会的职业知识、职业技能和职业态度等。如技术实践知识、合作能力、创新能力。

3. 项目教学的基本特征

项目教学与传统的教学相比有着自己的显著特征，具体表现在以下几个方面：

（1）教学内容以工作任务为依托

项目教学是教师围绕教学任务或单元，设计出一个个学习环境及学习活动。它的一个重要价值就是消除了传统的学科教学所造成的诸多弊端。在职业教育的项目教学中，教师通常以教学项目的方式对教学内容进行整合，而教学项目往往是从典型的职业工作任务中开发出来的，教学内容突破了传统的学科界限，以项目为核心，教师按照工作过程逻辑建构教学内容。

以典型的职业工作任务为依托建构教学内容，有效地解决了传统教学中理论与实践相脱离、学生远离工作世界的弊端，理论教学内容与实践教学内容通过项目或者工作任务紧密地结合在一起。通过典型的职业工作任务，学习者可以了解所学职业的主要工作内容。同时学习者还可以了解到自己所从事的工作在整个工作过程中所起的作用，并能够在一个整体性的工作情景中认识到自己能够胜任有价值的工作。

（2）教学活动以学生为主体

从实践中看，项目教学中采用较多的是工作小组的学习方式，这不仅有益于学生特长的发挥，而且有助于每个学生的责任感和协作精神的形成，可使学生体验到个人与集体共同成长的快乐。同时，项目教学改变了以往学生被动接受的学习方式，创造条件让学生能积极主动地去探索和尝试。在项目教学中，从信息的收集、计划的制订、方案的选择、目标的实施、信息的反馈到成果的评价，学生参与整个过程的每个环节，成为活动的主人。

（3）学习成果以多样化为特征

项目教学创造了使学生充分发挥潜能的宽松环境，其学习成果主要不是知识的积累，而是职业能力的提高。职业能力是一种综合能力，它不仅仅是靠教师的教，而重要的是在职业实践中形成的，这就需要教师为学生创设真实的职业情景，通过以工作任务为依托的项目教学使学生置身于真实的或模拟的工作情景中。在项目教学中追求的不是学习成果的唯一正确性，因为评价解决问题方案的标准并不是"对"或"错"，而是"好"或"更好"。在项目教学中，每个学生会根据自身的经验，给出不同的解决任务的方案与策略。因此，学习成果不是唯一的，而是多样化的。

4. 案例

项目名称：室内场景设计与动漫制作。

（1）项目要求

根据客户提供的一张计算机辅助设计（CAD）房型平面图，利用 3DMAX 软件以及相应的辅助软件，完成室内三维综合布置装修设计以及室内的三维动漫设计与制作。整个项目设计过程分为六个子项目：

① CAD 图纸的简化处理与 3D 建模；

②室内家具与装饰品的场景合并与布局；

③ 3D 灯光与材质的初步设置；

④在 Lightscape 中灯光与材质的进一步设置；

⑤图像在 Photoshop 中的后期处理；

⑥在 Lightscape 中的动漫制作与在 Premiere 中的视频编辑。

（2）教学目标

第一，知识与技能。学生在实际项目工作的情境中掌握室内装潢的一般流程，掌握 3D 软件的建模过程，掌握 CAD、Lightscape、Photoshop、Premiere 等软件在制作效果图中综合运用的过程，以及摄像机动画的制作过程。

第二，过程与方法。通过教师的帮助，学生感受实际工作中室内场景设计和动漫设计的一般工作流程，学会解决问题的过程和方法，积累一定的设计经验。

第三，情感、态度与价值观。培养学生实际操作能力，以及与同伴合作交流的意识及能力。

（3）项目分析

本项目把 3D 软件与室内装潢的整个工作流程结合在一起，以 3D 软件为主，其他软件为辅，各个软件取长补短，发挥整体优势，充分展示设计者在作品中的设计理念和思维方式。本项目是对一个实际的房型图进行三维装潢，最终作品以图片和动漫视频的方式展现出来，让学生在亲身的感受中进行说、做和学，优化教学过程，改进学习方式，并且倡导学生主动学习和参与学生之间的交流合作，用不同的方式来学习知识。学生通过自己的讨论交流实现问题的解决，形成一定的知识解决模型，最终解决实际生活问题，从而与行业进行零距离接轨。

项目重点：3D建模过程、室内模型材质的设置、灯光的打照，以及室内装潢的一般工作流程（用案例演示一般工作流程）。

项目难点：灵活运用各种软件的优点，制作出高效率和高水准的作品；灵活运用各种知识，设计出更加人性化的方案。

项目重点、难点的突破：学生在教师的引导下完成项目，教师帮助学生提高设计水平。

（4）教学策略分析

第一，学习者分析。学生在学习该项目之前已经掌握了一般的3D建模技术和一些常用的修改命令，已经能够制作出简单的3D模型，对CAD、Photoshop、Lightscape和Premiere等软件的基本功能已经有所了解。

第二，教学理念和教学方式是师生之间、学生之间交往互动与共同发展的基础。计算机教学要紧密联系学生的生活实际，教师可以利用网络的优势，成为知识传播者、问题情境的创设者、尝试点拨的引导者、知识反馈的调整者。学生是学习的主人，在教师的帮助下，学生在小组合作交流中，动手操作探索，发现新知识，进行自主学习。教学评价方式多样化，包括师生评价、学生评价、小组评价等多种方式。教师可在课堂上利用工作表对学生的学习和练习做出评价，让每个学生都能体验到成功的乐趣。采用项目教学法，可让学生把分散的知识点综合起来，并将其应用于实际的行业工作中。

（5）教学准备

50台计算机，多媒体教室。

（6）项目实施

第一，示范项目。以一个三室两厅房型图为例，细致地演示室内装潢的整个流程。

第二，实训项目。室内场景设计与动漫制作（教师提供20张户型CAD文件，可供学生随机下载）。

第三，学生分组。将学生分成小组，每小组4人，按学生学号进行编排，每组模拟一家设计公司。

第四,与客户交流。由教师扮演客户,每组在实施项目之前,派出各组的项目组长和客户交流,听取客户的意见,并适当提出自己的想法。

第五,各小组分组设计。由各组的项目组长向小组成员讲述客户(教师)需求,组员分子项目进行设计,各子项目应当按期完成。项目组长在组内分阶段评选最佳的设计。一个子项目完成后应交客户(教师)审阅,由客户(教师)提出修改意见,再实施下一个子项目。

第六,存盘交付作品。每组选出一个优秀设计作品,存盘保存后交客户(教师)评选出最佳作品。

(7)项目评价

各项目组长向客户(教师)介绍本组设计的作品。在介绍过程中要说明作品的设计过程中遇到的问题,以及如何解决这些问题的,解释设计采用的相关技术及其特点。客户(教师)进行评价,评价后学生进一步修改各自的设计,最后评选出客户(教师)最满意的作品。

(8)优秀作品展示

通过优秀作品展示,学生能够看到在小组内评选出的"室内设计师"的作品,这给学生创造了良好的相互交流的机会。这样的活动能很好地激发学生学习的积极性,促使学生从不同的角度来思考问题,培养学生的创新精神。

二、基于资源的主题教学模式

1. 基本概念

(1)资源

所谓资源,就是自然界和人类社会中能创造物质与精神财富的各种客观存在形态或存在物。在教育教学活动中,特别是基于资源的主题教学模式中,资源指教育、教学/学习资源。

(2)学习资源

所谓学习资源,就是支持教学活动、实现一定教学目标的各种客观存在形态。它通常包括物质资源(如媒体、器材、工具)、人力资源(如教师、教辅人员)和信息资源(如课本、电子阅览室、虚拟实验室、小说、教学参考书)。

学习资源简单地分为静态资源和动态资源。静态资源是以印刷材料为主的教科书、百科全书、杂志和报纸中的文章,其内容一般是静态的。动态资源是频繁持续地发生变化的学习资源,包括网络资源和人力资源。人力资源可以是某一学科领域内的专家，也可以是学习伙伴。学习资源的选用一般是综合性的，即静态资源和动态资源相结合。随着信息技术的迅猛发展，网络资源日益成为主要的学习资源类型。学习资源是一个系统，包括人、材料、工具、设施和活动五大要素，每个要素均具有"自在的"和"自为的"特性。"自在的"资源指整个人类环境中具有的、可利用的资源系统；"自为的"资源指为达成一定的教育/教学目的而特地设计出来的资源系统。

（3）主题

所谓主题，就是整合教学目标的、跨学科的学习内容或学习任务。主题的覆盖面很广泛，只要学习者感兴趣或为教学所需，主题可以是任何事物（如宇宙、森林、河流、水果、动物）或任何现象（如污染、和平、饥饿、战争）。主题可以分解成许多的问题来解决，问题又可以进一步具体化为可操作的任务。

主题是基于资源的主题教学的前提，主题开发的优劣直接影响教学效果。在开发主题的过程中，可以参照一些基本理念。第一，主题应由师生共同开发。主题开发一般有三种方式，即教师提供、师生共同开发和学生独立开发。我们一般提倡由师生共同开发。第二，主题要具有亲和力。主题必须让学生感到熟悉、亲切、有趣，要与学生的生活现实和时代发展密切相关。第三，以"劣构性"问题为主。劣构问题一般处于并且来源于特定的情境中，有一个以上方面指定不明确，问题描述不是很清楚或定义不明确，或者在问题陈述中不包括解决问题所需的信息。劣构问题能较好地培养学生的综合能力、批判性思维能力、人际交往能力、实践能力等。第四，主题最好具有跨学科性或综合性。主题应以多学科知识为基础，使学生能够将在分科科目中学到的知识综合起来，用以解决真实的问题。因为真实世界中问题的求解过程本来就是综合性的。第五，主题应具有智力/非智力方面的挑战。所谓挑战性，即解决问题所需要的能力一般稍高于学生已有的智力/非智力水平。具有挑战性的主题有助于激发和保持学生的学习兴趣。第六，主题要有目标整体性。主题应当是整合了知识技能、过程方法、情感态度与价值观目标，以使学生在学习过程中获得知识、培养能力和发展情感水平。第七，主题要有实践性。学生应能够把所学知识应用于实际。

主题教学强调的是对于不同领域知识的统整，学生应能够针对主题进行相关数据的探索与整理，主题教学所要培养的是知识统整的能力。具体来说，主题教学就是围绕确定的主题，在兼顾知识的广度和深度的同时为学生提供良好的知识建构的学习情境，它不仅仅是一种独立的教学模式，还是一种课程组织模式。在主题教学中，不同的学习内容可以采用多样的学习活动，如探究学习、问题导向学习、基于项目的学习，甚至课堂讲授、操练与学习，都可以是主题学习中的综合组成部分，其目的主要是让学习者通过资料的搜集整理、问题解决、主动探究等多种学习方式，实现对主题的深入理解，实现对学科知识的整合，从而培养学习者解决问题的能力、高级思维的能力，促进学习者学习的迁移。主题学习与主题教授内涵是一致的，只是前者更突出学生的"学习"主体性。

2. 基于资源的主题教学内涵

基于资源的主题教学指学习者围绕一个主题，通过充分发掘和利用各种不同的资源，并遵循科学研究的一般规范和步骤而进行的一系列探究活动，其目的是让学习者提高问题解决能力、探究能力、创新能力等，从而促使学习者的学科素养和信息素养同时得到提升。其基本特征包括以下几个方面：

（1）资源利用的广泛性

无论何种媒体、何种形式，只要对学习者有帮助就是有用的资源。

（2）资源的情境化

资源并不能直接用来解决主题所生成的真实的问题，学习者必须先将资源进行加工处理，内化为自己的知识，再利用知识来解决问题。这个加工处理的过程就是情境化的过程。在基于资源的主题教学过程中，资源通过主题而聚集，经过学习者情境化后，才能服务于主题。

（3）跨学科性

基于资源的主题教学突破了学科本位，需要多学科知识的综合，综合利用相关学科的相关内容，采用模拟研究的方法来解决真实的问题。这种教学既提高了学生的兴趣，又培养了学生融会贯通知识的能力，以及从多角度、多层面思考问题的能力和习惯。

（4）任务驱动性

在一个大主题的前提下，学生通过解决大主题带来的一个个问题来实现学习目标。有问题就会带来任务，分析任务是解决问题的前提。解决与自身生活密切相关的真实问题，容易使学生积极投入学习过程，这样教学就真正做到了以学习者为中心。

（5）探究性

探究是基于资源的主题教学的核心手段、方式和方法。在教学过程中，教师应强调自主探究和协作探究，让学生在问题求解的过程中学会综合利用知识、内化知识，倡导学生积极动手、动脑，使学生愿意学。

（6）反思递进性

基于资源的主题教学提倡行动研究，注重利用新型的评价观评价学习过程，要求学生和教师在学习过程中不断反思,以完善探究学习过程。

简言之,基于资源的主题教学是以主题开发为前提,以活动探究为核心,以信息技术为支持,并从多维角度评价整个教学过程的。

3. 基于资源的主题教学设计模板

设计模板是一种帮助、引导或支持教学设计的框架,它将设计的要素提取出来,构成一个整体结构。参照设计模板可以更加便利地设计基于资源的主题教学计划。但设计模板只是一种普遍性的参照,在教学过程中教师还应该根据实际情况进行拓展或变通,使其符合具体情境的需要。

4. 基于资源的主题教学误区

目前,现有的主题教学实践中仍存在着一些问题,其主要表现在以下三个方面:

第一,把主题教学神化。似乎只有它才是好的教学方式,所以不论什么样的教学内容,都去套,致使主题的确定存在泛化倾向,随意地选择一些内容作为主题开展教学,为了主题教学而主题教学的情形屡见不鲜。

第二,对主题教学的理解,仅仅停留在教学方法论上,仅仅把它作为一种教学方法来看待,这样就很容易被所谓的教学模式教条化、理想化。

第三,对主题资源的选择陷入"高投入、低效益;高重复、低水平;高消耗、低应用"的困境。绝大多数资源是面向教师的教学资料或者是简单的静态的资源堆积,这些资源缺乏生命活力,缺乏对学生主体的考虑,难以支持主题学习活动的开展。

5. 基于资源的主题教学效果评价

基于资源的主题教学效果评价提倡综合性评价和过程性评价,倡导评价内容的丰富性和评价方式的多样性。在基于资源的主题教学活动过程中,充分恰当地探究,有利于培养学习者的综合素质,如问题意识、科学素养、信息素养、创新能力、实践能力、自主/协作能力和评价反思能力。在教学效果价值取向方面,基于资源的主题教学效果评价更关注学习者的问题意识、探究能力和反思能力的发展。

问题意识。问题的确定非常重要,其是开展基于资源的主题教学活动中非常关键的一步。学生能否发现问题,取决于学生的问题意识强不强。学生问题意识的强弱,主要从学生的观察力、认识兴趣和求知欲三个方面评价。

探究能力。探究能力是基于资源的主题教学活动所要培养的学生的核心能力。在探究的过程中,重点培养学生的信息素养、自主能力、协作能力、学习策略、批判性思维能力等。

反思能力。教学过程中除了需要教师、专家、家长等人员对学生学习效果进行评价之外，还需要学生对自我学习效果进行不断反思。反思是一个反省的过程，也是一个自我评估的过程。反思主要是学生对前一阶段的学习任务进行反思，获取反馈，了解自己所获得的知识，知道自己的不足，明确改善措施。

三、基于问题的教学模式

1. 基于问题的教学模式的产生与发展

通过问题解决来学习的思想由来已久。在东方，孔子的启发式教学思想对后世的教育思想有着深远的影响。在西方，从苏格拉底的谈话法到杜威的问题教学法、布鲁纳的发现学习法，都是以问题为中心的学习方法。基于问题的教学模式是近年来受到广泛关注的一种教学模式，它强调把学习设置到复杂的、有意义的问题情境中，通过让学习者合作解决复杂的生活实际问题或真实性问题，促进学习者深入理解隐含于问题背后的科学知识，使学习者形成解决问题的技能，培养学习者自主学习的能力。

基于问题的教学模式作为一种先进的教学方法，最早起源于国外的医学教育。因教学效果良好，这种模式首先在医学界获得了应用和推广，后来越来越多地被其他领域所采用，如商业教育、建筑教育、法律教育。20世纪90年代中期以后，它被移植到美国幼儿园、小学和中学的教育中，并取得了成功。20世纪90年代后期，这种教学模式在我国的研究也相继开始。

2. 基于问题的教学模式内涵与要素

所谓问题，就是在一定的情境中人们为满足某种需求或完成某一目标所面临的未知状态。理解问题的概念，应把握如下两个关键属性。第一，问题指在一定情境中某种未知的实体，即现存状态和目标状态之间的差距。第二，发现／解决这种未知所具有的某种社会的、文化的或智能的价值。如果没觉察某种未知和确定解决未知的价值，也就不可能存在问题。

所谓基于问题的教学模式就是把教学／学习置于复杂的、有意义的问题情境中，通过让学生以小组合作的形式共同解决复杂的、实际的或真实的问题，来让学生学习隐含于问题背后的科学知识，提高其解决问题能力的一种教学／学习模式。其旨在通过引导学生解决复杂的、实际的或真实的问题，使学生建构宽广而灵活的知识基础，从而培养和激发学生的内部学习动机，提高学生解决问题的能力、合作的能力、自主学习和终身学习的能力。

基于问题的教学模式有三大基本要素：问题情境、学生和教师。问题情境是课程的组织核心。当学生身处可以从多种角度看待事物的环境时，问题情境能够吸引并维持学生的兴趣，他们可以积极地寻求解决问题的方法。学生是致力于解决问题的人，他们识别问题的症结所在，寻找解决问题的良好方法，并努力探求、理解问题的现实意义。教师不仅仅是知识的传授者，而且是学生解决问题过程中的工作伙伴，是学生解决问题过程中的指导者、引导者和合作者。

基于问题的教学模式的特征：第一，这是一种以学生为中心的教学方法；第二，以问题为中心组织教学，并以问题为学生学习的驱动力；第三，问题是真实的、劣构的，是发展学生实际解决问题能力的手段；第四，学习形式是以学生小组为单位的；第五，重视过程性评价；第六，教师是辅助者和引导者。

3. 基于问题的教学模式的运作环节

尽管基于问题的教学模式的实践不是完全相同的，在实际的基于问题的教学中，教师可以弹性地应用该理论，但是它的运作环节基本相同。一般来说，基于问题的教学包括如下几个运作环节：

首先，从问题出发，也就是教师根据教学内容创设一定的问题情境，学生在分析问题情境的基础上，确定自己所要研究的问题。也可以是学生自己对某种现象或某个情境提出问题，在教师的帮助下对问题进行界定，接着对问题进行分析，提出解决问题的假设，形成学习小组，小组成员进行任务分工，确定已经知道哪些关于问题的信息、还需知道哪些信息、可以利用哪些资源以获取所需的信息、确定研究计划和安排。

其次，学生开始通过各种途径收集与问题相关的新信息，对所收集的信息进行分析、整理、评价，把整理后的新信息与旧信息（即已有的信息及学生的原有认知）进行整合，形成最终的解决方案，解决问题。

最后，进行总结、反馈，对解决结果进行评判，确定问题是否已解决，总结所学的知识。在新的情境中运用所学知识，重新开始新一轮的教学。

4. 基于问题的教学模式的评价

评价是对整个基于问题的教学模式的实施过程的整体检视。由于基于问题的教学模式的实施以真实问题情境为基础，问题的开放性和解决的过程性决定了基于问题的教学模式评价有别于传统教学模式评价，教师应对基于问题的教学模式的评价功用、评价主体、评价方式和评价内容重新考虑。

（1）评价功用

评价的功用不仅是测试学习的一种工具，而且是促进和加强个人和小组学习的工具。

（2）评价主体

基于问题的教学为学生提供了更多课堂以外的学习机会，学生的学习效果检测应置于实际的、真实的评价情境中，对学生评价应由传统教育的教师权威评价主体转变为教师、家长、社区、学伴与自我的多元评价主体，多方面综合评定学生的进步与智能的发展。

（3）评价方式

问题学习的开放性使得基于问题的教学评价不能以统一的、标准化的方式进行，而需要设计书面考试（笔试）、实践考试（操作考试）、概念地图、口头陈述、书面报告等多种评价方式。

（4）评价内容

评价内容主要包括能力提高、知识获取、合作情况、学习态度、最终作品五大方面。

5. 案例

名　称：中职"计算机应用基础"（WindowsXP+Office2007）课程中Word2007文字处理软件"图文混排"。

利用Word文字处理软件进行图文的排版是在实际工作中经常碰到的问题，可以综合地锻炼学生的实践操作能力。教学目的是要求学生利用Word知识完成电子贺卡的制作，同时完成对新知识的意义建构，解决问题。

（1）构建情境，呈现问题

首先，教师提出"大家记得母亲节是哪天吗？"伴着学生的回答在大屏幕展示多张母亲节贺卡图片并配以感恩母亲的歌曲，构建起感恩母亲的氛围；然后教师要求学生在母亲节到来之际，亲手做一张具有深刻意义的电子卡片送给妈妈。

问题：如何利用Word2007软件制作一份精美的贺卡。教师引导学生提出自己的想法和观点，开阔学生思路，从而激发学生的创造欲及制作电子贺卡的兴趣。这样一个与实际生活息息相关的问题很容易调动学生的学习积极性和主动性，同时教师也将问题的解决内化为学生自己的事情。

教师提示学生贺卡通常用多大纸张，利用Word2007软件的图片、艺术字、文本框等元素能达到图文并茂的效果，引导学生轻松愉快、主动地去解决问题，完成任务，实现对新知识的意义建构。

（2）小组讨论，分析问题

教师根据学生知识水平与能力水平的不同，将学生异质分组，各组根据问题进一步讨论，确定研究内容和设计方向。同时，小组各成员也可依据自己的情况选择不同的任务，如资源的搜集整理、版面的设计，教师要了解各组的设计思路及每位成员在小组中的任务，并对小组的活动加以适当的引导，促进小组成员之间的交流与合作，使小组确立有效的问题解决方案。

（3）自主学习，交流协作

学生通过制作电子贺卡这个任务，产生了对艺术字、文本框、图片等元素属性设置的相关知识的需求，内在的需求促使学生主动探索、学习相应的知识，并解决问题。在此过程中，教师巡视查看学生的学习过程，了解学生的学习情况、进度，以引导者的身份与个别学生进行单独交流、指导；鼓励学生之间相互交流、协作学习；对大多数学生的共性问题，教师给予广播式指导。对于理解能力、动手能力以及综合应用能力强的学生指导他们进一步学习扩展内容，发展他们的个性，培养他们的积极创新精神。各小组将所获取的资源加工处理后，上传主机，用大屏幕展示出来，与同学共享学习成果。

（4）评价、总结

学生依据评价标准，先进行组内评价，改善不足，然后再在小组间展示作品，并互相评价，交流学习心得体会，反思如"我学到了什么""我如何改进提高"等问题。评价是教学过程中非常重要的一个环节，通过评价教师可以了解学生的学习情况，向学生提供及时、恰当的反馈，使其及时地调整学习步调与进程；另外，教师的表扬和肯定，可以提高学生的学习积极性和学习效果。

四、Webquest 教学模式

Webquest 教学模式被称为"信息化教学的新利器"。自从其被引入我国，越来越多的教师开始在教学实践中尝试运用这种新型的教学模式。

1. Webquest 的产生与发展

Webquest 是圣地亚哥州立大学教授伯尼·道奇和汤姆·马奇于1995年提出的一种新的课程计划。Web 是网络的意思，Quest 是调查、探求的意思。他们把 Webquest 定义为一种基于网络的、以探究为导向的活动，中文翻译是"网络主题探究"。其主要方法是在网络环境下，由教师引导，以一定任务驱动，让学生进行自主探究学习。2001年，Webquest 教学模式被引入我国，教师开始在教学实践过程中尝试这种新的教学模式。

2.Webquest 的分类

根据完成时间的长短，Webquest 可以分为短期 Webquest 和长期 Webquest 两种。短期的 Webquest 要求：第一，学习者需要掌握重要的新信息，在理解的基础上将其应用于实践；第二，任务完成的时间是一至三课时。长期的 Webquest 要求：第一，学习者的任务是深入分析一些问题，用一些方式将其转化成其他形式，并在理解的基础上创造出某种形式的成果，将其用网络或非网络的方式展示出来；第二，任务完成的时间是一个星期至一个月。

3.Webquest 的结构

Webquest 包括绪言、任务、过程、资源、评价、结论六大基本模块。除此之外，还可以有诸如小组活动、学习者角色扮演、跨学科等非关键属性。

（1）绪言

绪言为学习者制定方向，以提升其学习兴趣，为学习者提供某些研究背景信息。主题应与学习者过去的经验有关，与其未来的目标有关；应具有吸引力；因急切需要解决而紧迫；因学习者将进行角色扮演或者有一些成果而好玩。

（2）任务

任务是对学习者通过练习将完成的所有事情做一个描述，包括编辑、复述、判断、设计、分析等。内容表述可以是 PowerPoint 演示、口头陈述等。

（3）过程

过程指学习者在完成任务时将要经历的步骤。教师将完成任务的过程分解成循序渐进的若干步骤，并就每个步骤向学习者提出短小而清晰的建议，其中包括将总任务分成若干子任务的策略，对每个学习者要扮演的角色或者所要采用的视角进行描绘等。

（4）资源

资源主要是由教师选定的，将有助于学生完成任务的网页清单。许多资源是"嵌入"在 Webquest 文档中的，作为问题研究的"抛锚点"，并且其预设于互联网网页中。这些资源将引导学生进行主题学习，使学生不至于在网络空间迷失方向而完全漫无目的地漂流。资源不局限于网上的，还可以是一个与远距离专家的音频会议、一个与不远的教师的视频会议、一盒录像带、一份评价报告、教科书、录音带以及与他人面对面的访谈等。

（5）评价

评价是对学生此次探究的效果进行评价。教师根据预期的学生学习水平、学习任务的不同层次制定一个评价量规，评价量规是评价主体对学生在整个活动的全过程中的认知、情感、能力、态度、技能做出价值判断的基础。

（6）结论

结论就是总结学习内容和经验，教师应鼓励学生对整个学习过程进行反思，对学习成果的拓展和推广提供进一步解释；教师还可以让学生提出在探究学习过程中遇到的问题，供全班同学课上讨论。

4.Webquest 教学模式的特点

（1）任务明确和真实

Webquest 教学模式的任务是教师事先设计好的，这有助于教师在课堂上组织教学活动，明确的任务使得学生带着问题上网学习，避免了学生漫无目的地网上冲浪。同时，Webquest 教学模式中的任务是社会生活中面临的真实任务，它对学生是有意义、有挑战性的。

（2）信息资源丰富

极为丰富的网络资源，大大拓展了教学内容和学生的知识，也使教学内容具有时代性、与科学发展同步。学生在学习的过程中，随着情境性问题的产生和探究的不断深入，需要了解各种不同的信息，这些信息往往不可能预先准备，甚至其对学生来说是陌生的。为了尽快解决问题，学生就需要通过各种途径尽快搜集与问题有关的信息。网络资源向学生提供了可以便捷存取、有质量的信息，这有助于学生有效地收集信息，进而学生能够分配更多的时间用于解释、分析信息。

（3）引导性强

Webquest 教学模式将大项目分成数个小任务，并将这些小任务按一定的规律组织起来。学生面对小任务时，方向明确，知道自己需要做什么，并沿着这一思路做下去，最终完成该项目。学生在 Webquest 教学模式的一步步引导中体验学习，并形成自己的思维模式。

5.Webquest 教学模式的设计原则与流程

Webquest 教学模式的设计原则可以简称为 FOCUS。具体是：

F——找出精彩的网站；

O——有效地组织学生和学习资源；

C——要求学生思考；

U——选用媒体；

S——为高水平的学习期望搭建脚手架；

Webquest 教学模式的设计流程如图 4-1 所示。

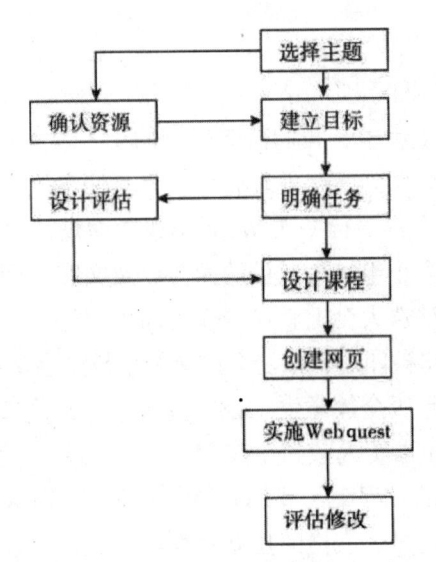

图 4-1　Webquest 教学模式的设计流程

6. 案例

名称：基于 Webquest 的高职计算机基础课程。

（1）教学对象

本课的教学对象是高职一年级学生，他们在普通高中/职业高中已经具备了计算机网络的基础知识，比如，上网浏览信息、搜索信息、发送电子邮件，甚至很多人已经或多或少地学习了 Office 办公软件。他们具备一定的独立研究和协作学习的能力。这些对于采用 Webquest 学习模式都是非常有利的。

（2）教材分析

本课采用的教材是机械工业出版社出版的 21 世纪高职高专系列教材《计算机应用基础》。文字处理软件 Word 是《计算机应用基础》的重要内容之一，也是该教材的重点和难点之一。

（3）教学目标

知识层面——掌握 Word 的基本知识，了解 Word 的基本功能。

技能层面——熟练掌握如何创建 Word 文本；掌握文本的录入、编辑；能够对文本进行基本的排版。

情感层面——让学生认识到学习微软办公软件的意义，而且知道并不是只有微软办公软件，WPSOffice 软件功能同样非常强大。激发他们为国家信息技术产业的发展壮大，缩小与国外差距而努力学习的热情。

（4）教学过程

探究主题：Word 简报。

①背景。在日常生活中，我们需要提交的个人 / 公司简介、项目策划书、个人年度总结等，都要用到文字处理软件。为了使学生更好地掌握这一重要工具，学校信息技术协会将举行一次 Word 小报版面设计大赛。作品以小组为单位提交，小报需要包含小组每个成员的简介以及文字处理软件小窍门的介绍，参赛小组须在最后的评选大会上就参赛作品向大家汇报，优胜组除了可获得书籍奖励外，其作品还将被印制，供协会成员及全校学生学习。

②任务。大学一年级全体学生（必须参加）、大学二年级学生以小组为单位自愿报名参加。小组参赛人数为 5—7 人。

在编辑排版小报的过程中需要用到 Word 相关的知识点，包括输入文字、输入特殊字符及特殊符号、表格的建立及编辑、各种对象的插入、字体格式和段落格式的设置、图文混排操作等。

每组最终提交电子版和打印版小报各一份，并推选一位同学在评选大会上向大家汇报。

③过程。

步骤一：小组每个成员利用 Word 写一份自我介绍。在 Webquest 任务中，每个人都已经知道自己所在的小组，这时大家需要找到自己小组的所有成员。为了便于小组内每个成员更进一步的认识，组内成员需要用 Word 写一份自我介绍。自我介绍需要在第二节课上课前上传到指定的小组文件夹下。

步骤二：确定小组长。每个成员查看组内其他成员的自我介绍，与组员一起分析、讨论成员自我介绍中所用到的 Word 的相关知识点，以及自我介绍的优点及不足。讨论最终需要确定本小组组长。

步骤三：搜集小窍门。每个成员精心搜集 1—2 个 Word 小窍门，注意实时与组长沟通，避免有重复信息。

步骤四：分配任务。组长主持讨论，确定本组小报的制作样式（全体成员参加）；制作 Word 小报中自我介绍部分排版（3 人左右）；制作 Word 小报中小窍门部分的排版（3 人左右）；组长负责最终两部分内容的整合。

步骤五：对小报进行再调整。组长将整合后形成的小报，发给小组每个成员，大家看后讨论小报中是否用到了任务中要求用到的 Word 知识点，并提出对小报的修改意见，形成最终的小报。讨论形式组内自己确定，建议使用 QQ、微信等工具及时进行讨论，这样便于讨论过程的再现。

步骤六：形成小组报告，提交小报。应保证在评选大会上所做的报告，是在大家讨论的基础上形成的,而且小组内的所有成员都仔细阅读过。

④评价。进行个人评价、小组评价和自我学习反思。利用学习日志反思表进行评价(如表4-1)。

表4-1　学习日志反思表

学习地点	学习时间
学习中的成功之处	
学习中遇到的主要问题	
解决问题的方案	

五、基于网络协作学习的教学模式

1. 网络协作学习概述

协作学习是学习者以小组形式参与、为达到共同的学习目标、在一定的激励机制下、为获得最大化个人和小组习得成果而合作互助的一切相关行为。

计算机支持的协作学习是在计算机支持的协同工作和协作学习相融合的基础上发展起来的。它是利用计算机技术建立协作学习的环境,使教师与学生、学生与学生在讨论、协作与交流的基础上进行协作学习的一种学习方式,是传统合作学习的延伸和发展。

基于网络的协作学习简称网络协作学习,是建立在现代信息通信技术的基础上,利用计算机网络以及多媒体等相关技术,为学习者提供相互讨论、交流和信息共享的协作学习环境,学习者以小组形式参与,针对同一内容彼此交互和合作,以达到对教学内容深刻理解和掌握的过程。网络协作学习的技术实现方式有网络聊天室、视频会议、网络视频广播、博客等。

2. 基于网络协作学习的教学模式的特点

网络协作学习过程中,学生学习小组成员的协同工作是实现学习目标的有机组成部分,个人学习的成功与向他人学习密不可分。学生应保持相互合作的态度,学生之间应共享信息和资源,共同担负学习责任,共同完成学习任务。基于网络协作学习的教学模式的主要特点有以下几个:

(1)强调学生个性的"自我实现"

每个人都是一个独立的具有自主性的个体,都是处于发展中的、富有潜力的、具有整体性的人,都是学习过程的积极参与者。基于网络协作学习的教学模式鼓励学生各抒己见,鼓励每个人都要对他人的学习做出自己应有的贡献,要对他人的意见做出客观的分析,容纳与己不同的意见,学会辩证全面地认识问题、解决问题。同时，每个人要在合作的过程中学会定位自己，找到表现自己个性的机会和场所。每个人都能够将自己的个性与小组的需要紧密地联系在一起，通过自身的努力和小组成员的相互信任与共同活动，实现自身价值的体现和自身性格的完善与再发展。

（2）将学习过程看作交往过程

学习过程是一种信息交流过程，是师生、学生之间通过各种媒介（口头语言、书信、电子通信手段等）进行的认知、情感、价值观等多方面、多层次的人际交往和相互作用的过程。这一过程中，参与者结成了多边多向的人际关系网络，在这个网络体系中，认知与情感交织，成为一个不可分割的整体。

（3）师生是平等的合作者

网络协作学习的过程中，师生面对同样的学习环境，教师不见得比学生拥有更多的学习资源，教师不一定是知识的绝对拥有者。学生有可能成为学习过程和学习资源某方面的主导者。网络的隔离性可以消除师生面对面交流给学生带来的诸多压力。在网络的"虚拟社会"中，师生可以不考虑对方的身份地位，从而能够进行有效的平等对话，这对于教学问题的解决更加有利，还能够使师生之间保持一种良性的人际交往关系。

（4）重视问题情境的创设

协作得以展开的前提是有能够激发起讨论的矛盾和问题，但仅仅用言语描述的问题往往过于平面化，所以创设问题情境就成为协作学习开始的引子。研究结果表明，一个好的问题情境是实现协作学习的基本保障。只有在一定的情境中，学习者才能有协作和会话的需要，才能以小组合作学习的姿态参与到教学过程中，才能使自己的认知能力和情感素养得到不断的提升和发展。

（5）强调整体学习的效果

网络协作学习一方面能够支持能动的学习和信息的深加工，能发展学生的批判性思维、交流与合作技能，使学生更明了知识结构，实现学生认知方面的发展；另一个方面，网络协作学习也是对学生学习民主和自由的尊重和弘扬。通常协作学习都是基于自组织的，这种典型的学生中心学习方法，其优点是能够促进学生学会多角度理解问题，能更好地发挥群体动力因素，增加学生的归属感，激发学生的主体意识，让学生学会独立发表个人见解和完善自己的个性。

3.基于网络协作学习的教学模式的基本方式

基于网络协作学习的教学模式的基本方式主要有竞争、辩论、合作、问题解决、伙伴、设计、角色扮演、小组评价。下面介绍其中的几种方式。

（1）竞争

竞争指两个或更多的学习者参与学习过程，并有辅导教师参加。辅导教师根据学习目标与学习内容，对学习任务进行分解，由不同的学习者"单独"完成，看谁完成得最快最好。辅导教师对学习者的任务完成情况进行评论，其他学习者也可以对其发表意见。学习者各自任务的完成，就意味着总任务的完成。竞争模式有利于激发学习者的学习积极性与主动性，但易造成因竞争而导致协作难以进行的结果。因此，让学习者明确各自任务对保证总目标实现的意义非常重大，即学习者是在竞争与协作中完成学习任务的。竞争可在小组内进行，也可以在小组间进行。

（2）辩论

协作者之间围绕给定主题，确定自己的观点，并在一定的时间内借助虚拟图书馆或互联网查找资料，以支持自己的观点。辅导教师（或中立组）可以对他们的观点进行甄别，选出正方与反方，然后双方围绕主题展开辩论。辩论的进行可以由对立的双方各自论述自己的观点，然后针对对方的观点进行辩驳。最后由辅导教师（或中立组）对双方的观点进行裁决，观点论证充分的一方获胜。也可以不确定正、反双方，而是由不同小组或成员阐述自己的观点，然后相互之间展开辩论，最终以能说服各方的小组或成员获胜。辩论可在组内进行，也可在组间进行。辩论模式有利于培养学生的批判性思维。

（3）合作

多个协作者共同完成某个学习任务，在任务完成过程中，协作者之间相互配合、相互帮助、相互促进，或者根据学习任务的性质进行分工协作。不同协作者对任务的理解不完全一样，协作者之间可以互相补充，从而圆满完成学习任务。

（4）问题解决

此种模式首先需要确定问题。问题的种类多种多样，其来源也不相同。问题一般根据学生所学学科与兴趣确定。在问题解决过程中，可以采取多种方式，如竞争、合作、辩论等。学生需要借助虚拟图书馆或互联网查阅资料，为问题解决提供依据。问题解决的最终成果可以是报告、展示作品或论文，也可以是汇报。问题解决是协作学习的一种综合性学习模式，它对于提高学生的问题解决与处理的能力具有明显的作用。

（5）伙伴

伙伴指学习者之间为了完成某项学习任务而结成的伙伴关系。伙伴之间可以对共同关心的问题展开讨论与协商，并从对方那里获得解决问题的思路与灵感。协作学习伙伴之间的关系一般比较融洽，也可能会为某个问题的解决产生争论，并在争论中达成共识，进而促进问题解决。协作学习伙伴可以是学生，也可以由计算机充当。由计算机充当的协作学习伙伴需要人工智能的支持，即根据一定的策略，由计算机模拟的协作学习伙伴对学习者的学习状态进行判断，对学习者提出问题或为问题提供答案。智能化程度高的协作学习系统可以具有多种不同类型的虚拟协作学习伙伴，学习者可以自由选择协作学习伙伴或由计算机根据学习者的特征动态确定协作学习伙伴。

（6）设计

设计是基于学习者综合能力培养和面向过程的协作学习模式。辅导教师给定设计主题，该主题强调学习者对相关知识的运用能力，如问题解决过程设计、科学实验设计、基于知识的创新设计。在设计过程中，学习者充分运用已掌握的知识，相互之间进行分工、协作，共同完成设计主题。辅导教师要及时发现并总结学习者的新思想和新思路，以提高全体学生的知识综合运用能力。

（7）角色扮演

此种模式是让不同学生分别扮演指导者和学习者的角色，由学习者解答问题，指导者对学习者的解答进行判别和分析。如果学习者在解答问题的过程中遇到困难，则由指导者帮助学习者解决。在学习过程中，他们所扮演的角色可以互相转换。通过角色扮演，学习者对问题的理解将会有新的体会。角色扮演的成功将会增加学习者的成就感和责任感，可激发学习者对掌握知识的兴趣与积极性。

4. 基于网络协作学习的教学模式的教学设计

（1）分析协作学习的目标

根据教学及学生个体发展的需要，确定协作学习的目标。协作学习的目标是系统性的，一般将协作学习的总体目标分解为许多子目标。子目标与具体的学习内容密切相关，子目标的确定及解决对总体目标的实现至关重要。

（2）确定协作学习的内容

在一个特定的协作学习环境中，协作学习伙伴共同面对不同类型的学习任务。根据对学习任务的分析，学习者面临的学习任务主要分为三类，即概念学习、问题解决和设计。在这三种学习任务中，概念学习的性质是基于事实的，其他两种任务的性质是基于分析和综合的。对学习任务的这种划分为对学习任务进行分析提供了清晰的思路。例如，在进行基于事实的概念学习时，协作学习伙伴面对的是一个共同的学习目标；在进行基于分析与综合的问题解决和设计学习时，则需要学习者对学习的总体目标进行分解，形成许多子目标，学习者相对独立地完成子目标的学习。概念学习的目的是使学习者掌握概念的含义，明确概念的特性与适用范围，从而加深对概念的理解。通过协作学习掌握概念，学习者将面对明确的目标，即概念学习非常强调目标的整体性。问题解决和设计则对学习任务的整体性要求相对较低，而更强调个体对子目标的实现情况，因为子目标的解决直接影响学习任务的完成。

（3）确定小组的基本结构

研究显示，学生在具有良好组织结构的协作小组中学习，其效果远优于在传统的班级组织形式中学习。学生在开始协作学习时，通常缺少小组协作的技巧，因此，在班级中，首先讨论协作交互活动的技巧和建立协作学习小组的方法；对学生来讲，他们需要学会倾听其他同学的谈话，分析并弄清楚他们讲话的重点。

（4）协作学习环境的创设

协作学习是在一定的情境中进行的。协作学习的前提是学生已经具有了一定的社会文化背景知识和从事社会活动的经验。因此良好的协作学习环境有利于提高协作学习的效果与效率。作为协作学习的指导者与帮助者——辅导教师，需要根据协作学习的目标与任务及其协作学习成员的个性特征创设一定的协作学习环境。协作学习环境的创设同小组结构与活动方式密切相关，其将制约小组协作活动的开展。协作学习研究者指出，多样化的协作学习环境可以支持有效的协作学习。协作学习的优势在于协作活动的参加者促进了自身的学习。协作学习环境的设计主要包括由学习的主题确定协作学习的目标、参加协作学习的人数、所依据的学习理论、协作学习系统的性能等。

（5）信息资源的提供

协作学习需要借助一定的信息资源，如在互联网环境中检索信息，需要计算机支持下的通信交流手段，需要从"小资料室"（虚拟资料室）中查阅资料。因此，在进行协作学习时，教师需要为学生提供一定的信息资源，尽量缩短无效时间，提高协作学习的效率。

（6）协作学习活动的设计

协作学习活动的设计是协作学习的主要组成部分。协作学习活动主要围绕学习内容展开，学生可根据学习内容采用不同的协作学习活动方式。"支架式教学""抛锚式教学""随机进入教学""情境式教学""织网式教学"等也可以应用到协作学习活动的设计中。

（7）协作学习效果的评价

协作学习效果的评价一般通过小组集体讨论的方式进行，在评价过程中，小组成员可以进一步加深对协作学习内容的认识与理解。在此过程中，协作小组准备相应的展示材料，协作小组可以使用网页或幻灯片来辅助各自的讲解。展示过程中或展示完成后，协作学习成员可随时根据展示内容提出问题，并要求展示者给以解答。根据展示与随机应答结果，其他各组对展示组进行终结性评价。辅导教师需要对该过程进行控制并及时总结各组的优缺点。

5. 案例

名称：极光的研究。

（1）学习内容与学习任务

学生采用合作小组的学习形式，每个小组选定一个自己最感兴趣的"角色扮演"下的任务，按照"建立小组—确定协作计划—分工协作、搜集信息资源、自主学习—交流协作、协同成果集成"的步骤进行合作学习，最后各小组展示作品、汇报研究成果并接受其他小组的批判和建议，进而修改、完善自己的作品。

（2）分析学习者的特征

知识能力分析。学生已初步掌握了带电粒子所受洛仑兹力的大小和方向，但还处在"纸上谈兵"的阶段，还需要将知识应用于实际情境中，以加强其知识的迁移能力的培养。学生除了会判断洛仑兹力的方向外，知道地磁场的分布特性。

信息技术能力分析。学生通过多年的学习和操作，已能较熟练地查找、收集、整理资料，对互联网较为了解。

（3）学习资源

学生利用互联网进行学习资源的收集。

（4）学习情境设计

以任务为驱动，学生在网络环境中围绕学习专题，收集资料，分析、整理资料，并形成学习小论文，最后展示作品、汇报研究结果并接受其他成员的质疑，在质疑中使研究不断深化。

（5）合作学习策略设计

建立合作小组。依据整个班级学生的学习风格、认知水平进行异质分组，每4人为一个学习小组，每人一台电脑，这样既有利于自主学习，又有利于相互促进，还有利于合作学习优势的发挥。采用情境角色扮演组织策略，并设计多个不同角色下的任务，组间展开竞争。

（6）对合作学习的评价

建立合作学习评价表，评价的内容主要体现在协作过程和协作结果两方面，即合作学习的过程和结果同等重要，既体现对个人的评价，也体现对小组的评价。

（7）教学结构流程的设计

开始上课前，将学生每4人分成一组，每人一台计算机，确定组长及各成员的职责；明确学习主题和学习任务；浏览相关网页，小组内协商研究计划，并进行组内分工；分工协作，收集资料，个人自主学习；交流协作，协同学习成果，教师指导，完成小组学习任务。

小组间汇报、质疑；小组修改作品，教师指导；师生共同总结，完成意义建构；课程结束。

六、基于案例学习的教学模式

1. 案例教学法概述

案例指具体事例，而具体事例来自现实第一手资料，真实、有环境、有情节，因此，案例教学法也称具体事例教学法。案例教学法最早应用于美国的法学院。后来哈佛商学院首次把案例教学法应用于商业教育，取得了很大的成功。现在案例教学法已经是职业教育领域最有效的教学手段之一。

案例教学法和传统教学法的主要区别包括以下三个方面：

（1）教学主体不同

传统教学非常突出教师单一的主体地位，教师在任何教学环节都同时担当导演和演员的双重角色，而学生更多地担当观众角色，完全处于被动地位。而案例教学，要求突出教师和学生两个主体的地位，教师要创造机会让学生走向前台发挥主体作用，教师则尽可能走向幕后发挥导演作用。

（2）授课方式不同

传统教学法强调单向交流，教师的责任在于把自己知道的书本知识传授给学生，因而只要熟悉教材、教案完整、逻辑结构清晰、语言表述通达就算尽职，而学生只要认真听课就算尽责。案例教学法则强调双向交流和联动机制，由教师和学生共同参与对实际案例的讨论和分析，案例构成课堂讨论的基础。

在案例教学中，教师的责任：一是课前针对性地选择案例；二是课堂上领导案例讨论过程，进而使学生从案例中获得某种经历和感悟，引导学生探寻特定案例情景的复杂性，分析其隐含的各种因素、可能发生的多种变化；三是负责案例更新，案例应跟上时代的要求，反映当前实际。学生的责任：一是课前必须仔细阅读教师指定的案例材料，认真分析与思考，据此做出决策和选择，并得出现实而有用的结论；二是在课堂上积极发言，说出自己的观点，并与他人展开辩论。

（3）教材不同

传统教学使用多年一贯制的固定教科书，而案例教学使用特定管理情景和实际生产、经营、生活中的事例，事例可以不断补充、更新和完善。

2. 案例教学法的特点

（1）具有一定的仿真性

如果所选案例来源于真实生活和实际工作，那么案例教学可让学生置身于案例模拟或仿真的环境之中。扮演其中的角色，可使学生身临其境、感同身受，并以当事人的角度来思考问题、处理问题。

（2）促使学生广泛涉猎

学生为了学好案例，除认真学习课程内容之外，还必须有效地利用各种资源（辅导材料、参考资料等），查找资料，组成课外学习小组，进行小组讨论。因此案例教学能极大地延伸教学内容，拓宽学生的知识面。

（3）有利于学生个性的发展

在案例教学过程中，学生通过案例分析和踊跃发言，能充分表达个人的观点，锻炼和培养了思维方式，提高了分析问题、解决问题、语言表达的能力以及快速反应的能力。这也有利于确立以学生为中心的新型教育模式，从而提高学生的自主学习能力，发展学生的个性。

（4）有利于教师的角色转换

在案例教学过程中，教师的角色同样也发生了深刻的变化。教师是指导者、管理者、控制者、评判者、参与者、提示者。

3. 案例学习的关键因素

首先是案例类型设计。案例类型设计是建立案例库，收集、加工、整理案例的基础。由于案例教学是课堂教学的重要组成部分，因此案例类型设计应与教学环节紧密联系。按教学环节可将案例分为以下三种类型：一是课堂引导案例。此类案例以教师讲授为主，重在讲清原理，给出分析过程，得出分析结论，提高学生的理解能力。二是课堂讨论案例。此类案例以学生讨论为主、教师引导为辅，重在应用，从而提高学生的综合应用能力。三是课外思考案例。此类案例以学生自我研究为主，重在应用，从而提高学生的研究能力。

其次是案例库的建立。案例的选择是描述和分析的前提。选择案例应考虑的几个因素：第一，案例与教学内容密切相关；第二，案例应是现实生活的写照；第三，案例分析不限定唯一的结论与结果。

4. 案例学习的过程

以课堂讨论案例为例，大体可划分为两个阶段和五个环节。

第一阶段是课前准备阶段。该阶段要做好三个环节的工作：一是布置案例并提出明确要求；二是个人分析案例；三是小组讨论案例，撰写分析报告。

案例教学的成败与准备是否充分关系甚密，为此教师不仅要赋予案例教学充足的准备时间（一般不少于一周）而且要真正调动起学生的学习兴趣和思维潜能。

第二阶段是课堂讨论与辩论阶段。该阶段要做好两个环节的工作：一是小组派代表发言，同时展开质疑和争论；二是教师讲评，客观给定成绩。

5. 案例

名称：案例教学法在"机械设计基础"教学中的应用与实践。

高职"机械设计基础"课程主要讲授平面常用机构、机械零件两大部分知识，实际上这两部分的内容与生产实践联系较为紧密，这就为案例教学法提供了可利用的空间。多数高职院校在该门课程结束后会进行相应的课程设计，在设计过程中会将学生分为很多的小组，然后给定各组不同的题目让学生完成，这就是案例教学法最显著的特点，也符合案例教学法的教学模式。

案例一：铰链四杆机构的基本类型。

①案例准备。摇头电风扇、螺丝刀、钳子、插线板、自行车。

②分组讨论。将学生分为不同的小组，再将任务布置到每个小组。给定半个小时，让几个小组用工具将摇头电风扇拆开，利用前面学过的知识画出摇头机构的平面示意图，在预习了本节内容后，指出各个部分的名称，解释摇头机构的工作原理。同时另外几个小组通过对自行车的分析，判断其属于铰链四杆机构三种基本类型中的哪一种，并分别指出各部分的名称及其工作原理。

③主题发言及讨论。在以上过程结束后，每个小组推荐一名代表做主题发言，并将结果写在黑板上，标明组别号。发言结束后，每个小组根据其他小组的结果再进行一定的讨论和辩驳。教师可以根据每个小组的结果做出相应点评，并引导学生思考，最后给学生留出一定的时间进行讨论和交流，使每个小组得出最终的结果。

④教师总结。教师对每个小组的结果进行分析和点评，再展示电风扇的摇头机构的平面示意图，并根据示意图分析其工作原理，得出自行车是曲柄摇杆机构的应用的结论。通过案例教学，学生了解和掌握了铰链四杆机构的基本类型和应用，教学生动、直观。

案例二：铰链四杆机构类型的判别。

在讲解铰链四杆机构曲柄存在的条件时，多数教师是通过讲解三角形存在的条件来推导铰链四杆机构曲柄存在的条件的。在此推导过程中，学生理解比较困难。如果我们设计如下的教学情景，则学生能直观地、生动形象地去理解，并能应用此条件。

准备1号或2号图板数张，剪刀数把，长的吸管数根，直尺数把，图钉数盒。然后将学生分为数个小组，每组利用以上的工具和道具分别制作曲柄摇杆机构、双曲柄机构和双摇杆机构。这些机构制作成功后，利用直尺测量出每种机构中各杆的长度，再找出满足这三种铰链四杆机构类型所具备的长度之间的关系，从而掌握铰链四杆机构中曲柄存在的条件。学生通过动手制作铰链四杆机构，相互讨论，多次修改长度，从而可以判别铰链四杆机构类型。

案例三：齿轮的失效形式。

在计算齿轮传动的强度时，只有先分析齿轮的失效形式，才能选用相应的设计准则。对于多数高职院校，多数教师会花少量的学时讲解齿轮的失效形式，然而，高职教育是培养应用型人才的，判断齿轮是何种失效形式以及怎样防止齿轮失效应成为教师重点讲解的部分。在这一部分的教学过程中，很多教师采用讲授法，学生对于齿轮的各种失效形式以及预防措施的认识比较模糊，因此笔者建议做如下设计：

准备各种因为失效而报废的齿轮数个，给出这些报废齿轮以前的应用机器及其工作情况，根据每种失效形式将学生分为不同的组别，如轮齿折断组、齿面点蚀组、齿面磨损组、齿面塑性变形组、齿面胶合组。各小组分别讨论本组齿轮的报废原因、失效形成过程，以及防止齿轮产生这种失效的措施。在此过程中，学生可以在网上搜索相关资料，到企业进行调研，还可以查阅相关的设计手册。最后每个小组必须完成一个关于齿轮失效成因和防止措施的报告，这个报告要按照论文的格式书写。这样，学生既能学习书本的知识，又能培养自身科研的能力。

七、情境化教学模式

1. 情境教学的内涵

"情境"指情景、境地。情境往往需要多种媒体手段甚至人际交往才有可能成功创设。教学情境指知识在其中得以存在和应用的环境背景或活动背景。情境教学指在教学过程中,依据教育学和心理学的基本原理,根据学生年龄和认知特点的不同,通过建立师生间、认知客体与认知主体之间的情感氛围,创设适宜的学习环境,使教学在积极的情感和优化的环境中开展,让学习者的情感活动参与认知活动,以期激活学习者的情境思维,从而在情境思维中使其获得知识、培养能力、发展智力的一种教学活动。它是利用具体的场景激起学习者主动学习的兴趣、提高学习者学习效率的一种教学方法。情境教学就是在人为创设的"情境"中进行的教学。

西方对于情境教学的研究是在研究情境认知、情境学习的基础上进行的,20 世纪 80 年代中期之后,它伴随着情境认知和情境学习理论的研究不断发展和完善。在传统教学中存在着一种抽象的知识与实际的生活场景相脱离的现象,由此情境认知理论应运而生,所以情境认知理论强调把知识和一定的场景联系起来,以减少学生的学习与解决问题的能力之间的脱节现象。学生学习了一定的知识,由于没有相应的场景训练,学生虽然知道很多知识和问题的答案,但在现实遇到类似问题时还是会束手无策。情境教学可以将学习的抽象内容和实际的场景有机地结合起来,使学习内容生活化、行动目的化,并且情境的创设可以使学生学得的知识有应用的场所。

2. 情境教学的理论基础

情境教学是以建构主义的学习环境论和情境认知观为理论基础的。建构主义的学习理论主要是以皮亚杰、维果斯基等的思想为基础发展起来的。建构主义认为,知识不是通过教师传授得到的,而是学习者在一定的情境、社会文化背景下,借助其他人(包括教师和学习伙伴)的帮助,利用必要的学习资料,通过意义建构的方式而获得的。理想的学习环境应当包括情境、协作、交流和意义建构四个部分。情境即创设与当前学习主题相关的、尽可能真实的情境。协作是在个人自主学习的基础上开展小组讨论、协商,进一步完善和深化对主题的意义建构。交流是协作学习的主要形式,而学生对知识的意义建构则是整个学习过程的最终目的。在这样的学习环境中,教学设计不从分析教学目标开始,而从如何创设有利于学生意义建构的情境开始,紧紧围绕"意义建构"这个中心展开，利用学生的独立探索、协作学习或教师辅导，最终完成和深化对所学知识的意义建构。

此理论下的教学模式主要有以下四种：

第一，脚手架教学。其为学习者意义建构提供一种概念框架。主要由搭脚手架、进入情境、独立探索、合作学习和效果评价等环节组成。

第二，抛锚式教学。这种教学模式要求教学建立在有感染力的真实事件或真实问题的基础上。由创设情境、确定问题、自主学习、合作学习和效果评价等环节组成。

第三，情境性教学。这种教学模式要求教学在与现实情境相类似的情境中发生，以解决学生在现实生活中遇到的问题为目标。

第四，随机进入教学。学习者可以通过不同途径、不同方式随意进入同样的教学环境，从而获得对同一事物或同一问题的多方面的认识与理解。

建构主义的学习理论与情境教学是紧密联系的，建构主义学习的思想对情境教学具有指导作用，特别是在学习环境建设方面。从建构主义观点来看，现实的学习环境是至关重要的。知识是在环境以及学习者与环境的交互作用中形成的。尽管精确的复制是不可能的，但对现实世界的近似的模仿将有利于提高学生的学习效率。

情境认知理论的本质是社会建构主义，不同的是，情境认知理论认为意义建构的根本途径是个体参与实践活动，与情境互动，一般用"情境"一词替代笼统的"建构"一词。

情境认知与学习是20世纪90年代以来当代西方学习理论领域研究的热点，也是教育心理学领域继"刺激—反应"学习理论与认知学习理论后的又一个重要的研究方向。情境认知与学习理论的主要观点包括以下几个：

第一，认知过程的本质由情境决定，情境是一切认知活动的基础。知识只有在真实的情境中呈现，才能有效地激发学习者的认知需要；在一定情境中传授知识与技能，更能有效地迁移到多种教学情境中去。

第二，学习是一种文化适应，是实践共同体合法的边缘性参与。学习要求学习者参与真正的文化实践，将参与视作学习的关键成分和重要特征，并要求学习者通过理解和经验的不断相互作用，在不同情境中进行知识的有意义协商。不同的实践共同体通过"合法的边缘性参与"获得意义和身份的建构。学习者正是在这样一种实践共同体之中获得该共同体具体体现的信念的。随着学生逐渐从该共同体的边缘向中心移动，他们会较多地接触共同体中的文化，他们的行动也会变得比较积极，随后，他们开始更为广泛地接触并进入成熟的实践舞台，扮演专家或熟手的角色。

第三，知识必须在真实的情境中呈现。传统的教学中，学校提供给学生的常常是被传统学校文化扭曲了的真实活动的劣质替代品。讲授式教学、被动的学习和形式化的成绩测试与评估形成了至今在学校教育中占有优势的传统教学模式。由此产生的结果是在学校文化中的成功者未必能够成为真实活动中的成功者。情境认知与学习理论试图设置基于工作的、模仿从业者真实活动的学习环境，或借助信息技术设计的仿真环境和虚拟实境来提高学习的有效性，并保证知识向真实情境的迁移。

3. **典型的情境化教学模式：认知学徒制**

在情境认知学习观的影响下，布朗等从传统学徒制中得到灵感，提出了认知学徒制理论。认知学徒制是在 20 世纪 80 年代末 90 年代初教学范式刚刚从以"教"为中心转向以"学"为中心、对学习的研究正逐渐由认知转向情境、学习环境设计思想初现端倪的大背景下诞生的一种教学理论和学习环境设计思想，今天它已成了众多学习环境设计的思想源头和新兴的学习科学的理论基础。

认知学徒制教学活动包括以下几个流程：首先，教师要呈现复杂问题并创设与之相关联的情境，通过反映知识在真实生活中的应用方式来激发学生的学习动机。其次，教师不仅要演示问题解决过程，还要清晰地说出思维监控过程和策略选择的方法，使学生能够观察、加工教师提供的信息。再次，教师鼓励学生以学习共同体的形式参与到问题解决中去，教师提供指导。学生要把解决问题的策略和方法阐释给教师和其他同伴，教师和同伴通过反思进行评价再反馈给学生，学生反思并修正再反馈给其他成员。最后，教师要创设更加多样化的问题情境，并逐步拆除脚手架让学生独立探究，促进知识的运用和迁移。通过教师和学生轮流作业、互相观摩、共同反思的方法，学生自我修正、自我监控的能力不断增强，从而获得了更多的知识和技能，实现了师生的共同成长。

4. **案例**

名称：认知学徒制教学模式在信息技术课程教学中的应用。

（1）教学内容：数据输入与处理

本节主要学习如何快速输入数据，并运用 Sum、Average 函数计算表格中的数据。

（2）案例背景

信息技术是一门实践性、操作性很强的学科。它的主要任务是增强学生的信息意识，使他们了解信息技术的发展及其对社会的影响；了解计算机基本工作原理，学会文字、图形、数据的处理技能，初步掌握信息获取、处理的基本方法；树立正确的知识产权意识，培养合作精神。本次学习的主题是"数据输入与处理"，学生基本上处于"零起点"的状态。因此，利用认知学徒制教学模式能够很好地引导学生学习这一内容。

（3）学习环境

计算机机房。

（4）教学过程

教学之初，教师要告诉学生这节课的学习目标，并进行现场示范。

步骤一，案例观察。教师现场给学生示范案例，如打开 Excel，并结合身边具体的实例向学生介绍 Excel 所具备的功能。教师分别利用 Sum、Average 函数对一组数据进行求和及求平均值，教师示范的同时提示学生思考这些操作过程的合理性，培养学生运用函数对数据求和及求平均值的思维。

步骤二，情境训练与及时指导。教师可以给学生呈现需要解决的问题，指导学生结合他们刚刚看到的模型、学到的认知策略和技能来解决问题。教师可以提供真实的探索问题，如"输入全班期末考试中信息技术分数并计算出男生成绩的平均分"。学生在任务的驱动下开始对数据进行输入和处理，却发现结果显示的是全班同学的平均分，那么男生的平均分怎么求呢？教师应启示学生——"专家是怎么解决这类问题的呢？"同时教师对专家所用的方法进行解释并现场演示，然后让学生独立完成任务。

在学习小组工作的时候，教师口述一些学生所需要的线索来促进学生的学习，在适当的时候教师给予帮助。例如，在学生输入大量相同的数据时，教师可以指导学生如何用简便方法完成这项操作。

步骤三，反思与评价。经过前面两个阶段的学习，学生已经初步掌握了数据输入方法，并对其进行了处理。这一阶段，教师可以指导学生对其问题解决的过程进行反思。学生回忆自己解决问题的过程，教师应鼓励每位学生都将自己解决问题的思路用语言清晰地表达出来。在反思的过程中，教师和学生都应积极评价他人的作品，提出好的建议，对于具有创新意义的想法应给予表扬。教师可以通过这种方式来提高学习者的认知能力和操作技能。

步骤四，自主探究。探索是一堂课中最重要的部分，也是最后的部分。教师应鼓励学习者使用所学的数据处理方法来解决日常生活中的问题，并自主探究 Excel 的其他功能。教师应该通过淡化"脚手架"和鼓励来增强学生学习的独立性。学生的学习目标是利用他们所习得的思维技能来发现问题、解决问题、验证假说。

第五章 职业教育信息化教学设计与教学评价

第一节 信息化教学设计概述

一、信息化教学设计的含义

信息化教学就是在信息化环境中,教育者与学习者借助现代教育媒体、教育信息资源和教育技术进行的双边活动。

教学设计也称作教学系统设计,是 20 世纪 60 年代以来逐渐形成并发展起来的一门实践性很强的学科。教学设计是以促进学习者的学习为根本目的,运用系统方法,将学习理论与教学理论等转换成对教学目标、教学内容、教学方法、教学策略、教学评价等进行具体计划,创设有效的教与学系统的"过程"或"程序"。

信息化环境下的教学设计又称为信息化教学设计。信息化教学设计是在建构主义学习理论指导下,利用计算机多媒体技术、网络通信技术、课程整合技术等先进技术,以学生为中心,充分发挥学习主体的主动性、积极性,以完成知识的意义建构与培养学生的创新能力为宗旨的学与教的设计。

建构主义学习理论强调以学生为中心,教学设计从"以学生为中心"出发,强调培养学生的首创精神和高级思维技能。信息化教学设计的过程是非线性的,有时甚至是混沌的,信息化教学设计的重点是在意义丰富的情境中促进学生的理解,注重信息化的学习环境的创设和学习资源的提供。

二、信息化教学设计的特征

与传统教学设计相比,信息化教学设计的特征见表 5-1。

表 5-1　传统教学设计与信息化教学设计的特征对照表

关键要素	传统教学设计	信息化教学设计
教学策略	教师导向	学生探索
讲授方式	说教性讲授	交互性指导
学习内容	单学科的独立内容	任务形式的多学科延伸
作业方式	个体作业	协同作业
教师角色	作为知识传授者	作为学生学习的帮助者
分组方式	同质分组	异质分组
评估方式	对学习结果评估	对学习过程和学习结果评估

信息化教学设计的核心是教学过程的设计，重视学习环境创设和学习资源的利用；学习内容为交叉学科专题，强调综合性；教学评价注重教学过程，而不仅仅依据终结性考试。

三、信息化教学设计的基本原则

信息化教学设计以建构主义学习理论为指导，充分利用信息技术手段使学习者在意义丰富的情境中主动建构知识。更加重视学习者的主体作用，通过各种新颖的学习方式，充分利用信息技术和信息资源，科学地安排教学过程中的各个要素，为学习者提供良好的信息化学习环境。信息化教学设计的基本原则可以归纳为以下几点：

1. 以学生为中心，注重学习者学习能力的培养

以学生为中心是信息化环境下教学设计的首要原则。明确"以学生为中心"，这一点对于教学设计有重要的指导意义，因为从"以学生为中心"出发和从"以教师为中心"出发将得出两种全然不同的设计结果。

在以学生为中心这一原则的指导下，教师在设计具体的教学活动的时候，就要以"任务驱动"和"问题解决"作为学生学习和研究活动的主线，在相关的有具体意义的情境中确定和讲授学习策略与技能。教师作为学习的促进者，要引导、监控和评价学生的学习进程。同时，教师还应该开发和利用各种信息资源来支持学生自主学习，比如，教师可创建学生学习网站、教师演示文稿等。

学生作为一个成长中的完整生命体，有着各种情感需求。认知发展与情感发展应和谐统一，促进学生的身心全面发展是现代课程的重要目标之一。学生的情感需要是教学设计时应重点考虑的内容，学习内容、学习方式的确定必须

以尊重学生的意愿和满足学生的需要为前提。此外，以学生为中心的原则还体现在注意为每一个学生的终身发展奠定基础，教学设计要选择对所有学生终身发展有价值的内容。

2. 充分利用各种信息资源来支持学习

为了支持学习者的主动探索和完成意义建构，在学习过程中教师要为学习者提供各种信息资源（包括各种类型的教学媒体和教学资料）。但这些信息资源并非用于辅助教师的讲解和演示，而是用于支持学生的自主学习和协作式探索。因此，传统教学设计中有关"教学媒体的选择与设计"的内容将有全新的处理方式。例如，在传统教学设计中，对媒体的呈现要根据学生的认知心理和年龄特征做精心的设计。在自主学习和协作式教学中，把媒体的选择、使用与控制的权力交给了学生，教师就没有必要设计媒体了。反之，信息资源应如何获取、从哪里获取，以及如何有效地加以利用等问题，则成为学生主动探索过程中迫切需要教师提供帮助的内容。显然，这些问题在传统教学设计中是不会碰到或很少碰到的，而在信息化学习环境下，其则成为急需解决的普遍性问题。

3. 强调"协作学习"与团队合作

信息化教学设计认为，学习者与周围环境的交互作用，对于学习内容的理解（即对知识意义的建构）具有重要的作用。学生在教师的组织和引导下一起讨论和交流，共同建立起学习群体并成为其中的一员。在这样的群体中，各个成员都对当前问题提出看法，并对别人的观点做出分析和评论。学习者通常是以小组或其他协作形式展开学习的，在学习过程中他们互相帮助，共同实现某一项任务目标。每个学习者在中间承担一定的任务，扮演一定的角色，学习活动过程成为"学习者身份和意义的双重建构"。学习者之间相互协作，共享他人的知识和智慧，共同实现组织目标。

这种协作学习不仅指学生之间、师生之间的协作，也包括教师之间的协作，如跨年级和跨学科的基于资源的学习等。通过这样的协作学习环境，学习者群体（教师和学生）的思维与智慧就可以被整个群体所共享，即整个学习群体共同完成对所学知识的意义建构，而不是其中的某一位或某几位成员完成意义建构。

4. 强调情境创设和意义建构

建构主义认为学习总是与一定的社会文化背景（即情境）相联系的。情境就其广义来理解，指作用于学习主体，产生一定的情感反应的客观环境；从狭义上来认识，则指在课堂教学中，作用于学生而引起积极情感反应的教学环境。

学生在实际情境下进行学习，利用自己原有认知结构中的有关经验去"同化"当前学到的新知识，如果原有的知识不能"同化"新知识，则要引起"顺应"，即对原有的认知结构进行改造和重组。因此，创设情境成为信息化教学设计最重要的内容之一。

在信息化教学设计中创设情境，即基于特定的教学目标，将学习内容安排在信息技术和信息资源支持的比较真实或接近真实的教学活动中，以支持学科教学。由于信息化教学设计与各种信息技术和信息资源紧密结合，因此教学情境的创设显得更为实际、简便和高效。

5. 强调针对学习过程的评价

教学评价的目的，一方面是要检验教学活动的结果；另一方面，它更应该具有激励功能。以往的教学评价更多的是体现前者。因为教学评价的标准掌握在教师和教育机构手里，学生只有被动地接受这种评判。在信息化的教学环境下，学生完全有权对自己的作品做出合理的评价，教师这时并不是作为一个标准的掌握者出现，而是作为一个引路人出现的，他们更多的是鼓励学生的创造，尊重学生的不同见解，以促进学生创新精神的养成，培养学生独立的人格。

信息化环境下的教学评价要求把学生在学习过程中的全部情况都纳入评价范围，把学生解决问题寻找答案的调查过程、探究过程、运用前提形成假设的过程、交流与合作的过程、推理和计算的过程、使用技术手段的过程等都纳入评价的视野，强调过程本身的价值，把学生在过程中的具体表现作为评价的主要内容。凡是对学生有价值的行为，即使有些与预定目标不相符，也要给予支持与肯定，对学生的主体性和创造性给以足够的尊重。

四、信息化教学设计的产生与发展

教学设计是 20 世纪 60 年代末在美国首先形成和发展起来，并于 20 世纪 80 年代传入我国的。美国哲学家、教育家杜威在 1990 年提出建立一门连接学习理论和教学实践的"桥梁学科"，以达到优化教学的目的。

"二战"期间，由于战争的需要，美国要在短时间内为军队输送大批合格的士兵，为工厂输送大量合格的工人，这就需要进行培训材料的研究和开发，因此，美国提出了一整套系统分析教学过程要素的方法，这是教学设计理论应用的最初尝试。20 世纪 60 年代中期是教学设计思想和理论孕育期，涌现出加涅的"学习条件理论"、罗米索斯基的"智能结构论"、梅里尔的"成分显示论"、莱格卢特的"精细加工论"、巴纳斯的"宏观教学设计论"、史密斯和雷根的"教学系统设计论"等一批富有特色的教学设计理论。20世纪60年代后期，各种相关理论在系统方法指导下，被综合应用于教学过程的设计中，研究者提出了对教学进行设计的系统过程理论，从此教学设计便以其独特的理论知识体系成为专门的研究领域。

现在，教学设计的理论著作和各种参考文献已举不胜举，例如，加涅和布里格斯的《教学设计的原理》，肯普的《教学设计过程》《设计有效的教学》等。我国学者也出版了一系列教学设计著作，如张祖忻等的《教学设计——基本原理与方法》，乌美娜的《教学设计》，何克抗的《教学系统设计》等。这些研究趋向于从不同角度，运用多种研究方法，尤其是用系统方法来探索教学设计问题。至此，教学设计成为世界各国教育技术领域的主要研究方向，以及各级各类师资培训的重要课程。

20世纪90年代以来，科学技术飞速发展，大量基于计算机的信息技术迅速进入教育教学领域，多媒体教育应用、网络教育应用、人工智能教育应用等迅猛发展，信息技术成为教育的主流技术。同时，建构主义学习理论丰富了认知主义学习理论，使教学设计理论与实践的视野大大拓宽。今天的教学与20年前的教学无论在教学目标还是在教学过程和教学方法上都发生了很大变化。显然，探索信息技术条件下能够充分发挥交互技术潜力的教学设计理论和方法势在必行。

第二节 职业教育信息化教学设计

一、信息化教学设计的前期分析

前期分析是美国学者哈里斯于1968年提出的一项技术，旨在在教学设计过程的开端就分析清楚教学中存在的问题，以避免后续工作无的放矢，浪费人力物力。在不同的教学设计过程中，前期分析的内容不尽相同，但一般包括学习需要分析、学习者特征分析。

1. 学习需要分析

学习需要指学生学习方面目前的状况与所期望达到的状况之间的差距，也就是学生目前水平与期望学生达到的水平之间的差距。目前的状况指学生群体在能力素质方面已达到的水平；差距指学生在能力素质方面的不足，即教学中实际存在和需要解决的问题，这些是经过教育或培训可以解决的。可以说没有差距就没有需要，也就无从谈起要解决什么。

学习需要分析是一个系统化的调查研究过程，这个过程的目的就是要揭示学习需要、发现问题，通过分析问题产生的原因确定问题的性质，并判断教学设计是否是解决这个问题的合理途径；同时它还分析现有的资源及约束条件，以论证解决该问题的可能性。所以学习需要分析的实质就是分析教学设计的必要性和可行性。内部参照需要分析法是学生所在的组织机构根据其内部已经确定的教学目标找出对学生的期望与学生学习现状之间存在的差距，从而鉴别学习需要的一种分析方法。外部参照需要分析法是根据社会（或职业）的要求来确定对学生的期望值，并以此为标准来衡量学生学习的现状，找出二者之间的差距，从而确定学习需要的一种分析方法。

2. 学习者特征分析

受生理、心理、社会文化等因素的影响，学习者个体会表现出一些共性、稳定的特征，也会表现出多样化的差异。这些特征都会影响学习者的学习过程，教学设计与学习者特征相匹配是教学设计成功的关键。

信息化教学强调学生通过网络与教师、学生发生联系，进行自主学习与协作学习，实现知识的意义建构。因此，在信息化教学设计中，分析学生不同的学习风格与学习内容的处理、学习方法的运用、网络资源的选择等之间的关系，具有重要的意义。

（1）学习者认知发展特征分析

学习者的认知发展特征指对学生学习有关学科内容产生影响的个体的、生理与心理的、社会的特点，包括年龄、性别、认知成熟度、学习动机、个人对学习的期望、工作经历、生活经验、经济、文化、社会背景等。

学习者的认知发展特征与课程内容没有直接关系，但它会影响学生对学习内容的接受。当教师所安排的学习内容、选择的教学策略与学生认知发展特征相适应时，学生学习积极性就高，这就会促进学生学习新知识；反之，会阻碍学生对新知识的学习。

不同年龄层次的学生有不同的特征，每一位学生的认知特征都不相同。瑞士著名发展心理学家皮亚杰提出的认知发展阶段理论为分析学习者认知能力提供了参考框架。

皮亚杰将儿童的认知发展水平划分为四个阶段：感知运动阶段、前运算段、具体运算阶段和形式运算阶段。后三个阶段与目前学校教育关系较密切，在此介绍后三个阶段的主要内容。

①前运算阶段（2—7岁）。这一阶段的儿童正值入学之前与入学之初，他们遇到问题会运用思维，但思维方式常常不符合逻辑。思维具有知觉集中倾向性、不可逆性、自我中心主义，他们只能主观看世界，不能客观分析世界，具备初级抽象思维能力。

②具体运算阶段（7—11岁）。这一阶段的学生已经具有明显的符号性和逻辑性，但是思维活动仍局限于具体的事物以及过去的经验，缺乏抽象性。例如，学生能在心理自如地转换物体的空间排列方式，但若面对复杂数学问题、物理问题或社会问题会显得无能为力。

③形式运算阶段（11岁以上）。这一阶段的学生完全具备假设—演绎思维能力、抽象思维能力及系统思维能力。认知趋于成熟，能够理解并使用相互关联的抽象概念。

依据不同认知能力水平设计和实施教学是达到有效教学的重要前提。

（2）学习初始能力分析

①初始能力内容。学生的初始能力指学生在学习某一特定的课程内容时，已经具备的有关知识与技能，以及他们对这些学习内容的认识和态度。初始能力分析应该从三个方面入手，即预备技能分析、目标技能分析和学习态度分析。

·预备技能分析。预备技能是学生开始新的学习之前必须掌握的知识与技能。学习新的知识之前，进行预备技能分析可以知道学生对预备技能的掌握情况，从而确定学生学习的起点。

·目标技能分析。目标技能是教学目标中规定的学生必须掌握的知识与技能。学生学习新知识之前，进行目标技能分析可以知道学生在多大程度上掌握了目标技能。如果完全掌握了，教学目标规定的所有内容就都可以取消了。

·学习态度分析。学习态度分析的目的是了解学生对特定课程内容的学习有无兴趣，有无偏见或抵触情绪等，从而加以引导，使学习能够通畅进行。

②确定初始能力的方法。确定初始能力的方法有两种：一般性了解和预测。

·一般性了解。一般性了解就是通过查阅或问卷调查等形式，对学生的各科成绩、学习情况、学习态度等方面有一个大体的了解。但是，由于课程内容的变化，学生的情况常有变动，所以通过这种方式获得的信息不十分准确。

·预测。预测即课前测验。它是客观、准确地掌握学生初始能力的重要手段。学生初始能力分析包括预备技能分析、目标技能分析、学习态度分析三个方面，预测也从这三个方面进行。

学习内容分析与学生初始能力的分析是密切相关的，初始能力分析不准确，将学习起点设定得过高或过低，都会使学习内容分析脱离实际，教学针对性不强，教学效率不高。

（3）学习者学习风格分析

学习风格指学习者持续一贯的带有个性特征的学习方式和学习倾向，是学习方式和学习倾向的总和。学习风格是决定我们对刺激做出何种反应的心理特质。焦虑、动机等，是学生感知不同刺激，并对不同刺激做出反应的心理特性。

有关学习风格的研究很多，影响力比较广泛的有威特金的场依存/场独立理论以及格雷戈里的学习风格理论。

威特金把受环境因素影响较大者称为场依存型，把不受或很少受环境因素影响者称为场独立型。前者基本上倾向于依赖外在的参照（客观事物），后者基本上倾向于依赖内部的参照（主观感觉）。

格雷戈里认为人们在组织空间和时间上是有差别的。个体有两种重要的调节能力：知觉（信息获取的方式）和排序（信息排列和存储的方式）。知觉有两个性质：抽象和具体。排序有两个性质：序列和随机。这两个维度形成了四种学习风格：具体序列、具体随机、抽象序列和抽象随机。

对学生的学习风格分析之后，就可以为每一个学生创建适合其特点的学习任务。不同类型的学习风格适合不同性质的学习任务，真正实现了个别化教学。需要注意的是，对学习者的分析不是固定的、一成不变的，而是动态的、延续的。教师要在教学活动的全过程中，时刻关注对学习者的分析，尤其是在教学活动即将展开之时。此外，有关学习任务、学习资源、学习工具、学习情境等的设计，都要以学习者为中心，围绕对学习者的分析而展开。

二、学习任务分析和教学目标的阐述

1. 学习任务分析

任何学习活动都有一定内容，学习内容分析指在教学（培训）活动开始之前，预先对目标所规定的、需要学生习得的能力或倾向的构成成分及其层次关系详加分析，为学习顺序的安排和教学条件的创设提供心理学基础。在信息化环境下，学习的方式发生改变，学生是学习的主体，是意义建构者。因此，在信息化环境下学习内容的分析主要是确定学习任务、设计学习任务。

在设计学习任务时，着重考虑任务的有效性、难度和呈现方式。任务的有效性，就是学习任务的必要性，学生按要求完成任务后，应该基本达到了学习目标，这样的学习任务才是有效的，而不能只追求形式上的热闹与有趣。任务的难度指任务的设置要切合学生的实际,不能太难,也不能太容易。任务的呈现方式需要多种多样,教师在教学过程中应将每一个阶段的学习任务明确化、具体化,让学生有明确的学习目标和任务。

在现代职业教育中,"学习任务"是"学习与工作任务"的简称,是用于学习的任务。学生通过学习任务的完成,不仅能够掌握专业知识和技能,而且能够建立职业学习和工作的联系,实现学习与工作、理论、实践的一体化。学习任务一般可分为封闭性、开放性和设计导向性三个层次。职业教育教学内容以应用技术为重点,围绕实践组织教学内容,突出教学的实践性。职业教育相比于普通教育,更注重理论服务于实践,按照突出应用性、实践性的原则组织课程结构、更新教学内容。教学内容强调基础理论知识的应用和实践能力的培养,基础理论教学以必需、够用为度,专业课程教学则重点突出针对性和应用性。

学习任务的设计原则包括以下几个:

(1)适用性原则

学习任务的设计一定要根据学生的特点和基础,遵循"适用为主、够用为度"的原则,让学生通过任务学习,感受"学有所用,学能致用",不仅要适应学生的学习需要,还要适应学生今后的工作岗位。

(2)前瞻性原则

学习任务的设计要突出本专业领域新知识、新技术、新方法,使学生能够及时了解本专业最新技术和发展。

(3)关联性原则

学习任务的设计一定要突出学习任务的功能和价值,一定要注意学习内容和工作的关联、学习过程与工作过程的关联。

(4)完整性原则

学习任务的设计要体现出"工作过程完整"的学习过程,即学习任务结构要包括计划、实施以及计划成果的检查评价等内容。

2.教学目标的阐述

教学目标是对学习者通过学习以后将能达到何种状态的具体、明确的表述,包括学生通过学习将学会什么知识、掌握什么能力、会完成哪些创造性产品、具有哪些潜在的学习结果等。分析教学目标是为了确定学生学习的主题,即与基本概念、基本原理、基本方法或基本过程有关的知识内容。分析教学目标对教学活动具有导向作用、控制作用、激励作用及测度作用。

（1）教学目标的分类理论

美国的教育心理学家布鲁姆等把教育目标分为认知、动作技能和情感三个领域，然后把每个领域按照从低级到高级的顺序分成不同的层次。

①认知学习领域目标分类。认知学习领域包括有关信息、知识的回忆和再认，以及智力技能和认知策略的形成，这个领域的学习目标分为六级：知道、领会、运用、分析、综合、评价。

·知道。知道即能对先前学习过的知识材料进行回忆，包括对具体事实、方法、过程、理论等的回忆。心理过程主要是记忆。

·领会。领会即把握知识材料意义的能力。它包括转换（用自己的话或方式来表达）、解释（对一项信息如图表、数据等加以说明或概述）、推断（预测发展的趋势）。

·运用。运用即能把学到的知识应用于新的情境，包括概念、原理、方法和理论的应用。运用的能力以知道和领会为基础，理解是较高水平的运用能力。

·分析。分析即把复杂的知识整体分解为组成部分，并理解各部分之间联系的能力。它包括部分的鉴别、部分之间关系的分析和认识其中的组织结构。例如，能区分因果关系，能识别史料中作者的观点或倾向等。既要理解知识材料的内容，又要理解其结构。

·综合。综合即能够将所学知识的各部分重新组合，形成一个新的知识整体。它包括发表一篇内容独特的演说或文章，拟定一项操作计划或概括出一套抽象关系。它所强调的是创造能力，即形成新的模式或结构的能力。

·评价。评价即对材料（如论文、观点、研究报告）进行价值判断的能力。它包括对材料的内在标准（如组织结构）或外在标准（如某种学术观点）进行价值判断。例如，判断实验结论是否有充分的数据支持，或评价某篇文章的水平与价值。这是最高水平的认知学习目标。

②动作技能学习领域目标分类。动作技能学习领域的目标分为七级：知觉、准备、有指导的反应、机械动作、复杂的外显行为、适应、创新。

·知觉。知觉指用感官去获得与动作技能有关的知识、性质等信息，以便指导动作。

·准备。准备是从心理、生理和情绪等方面对特定的动作做好准备，知觉是准备的先决条件，知觉和准备统称为动作技能学习的认知阶段。例如，学习动作技能，除了要知道动作要领外，还必须愿意去学。

·有指导的反应。有指导的反应是复杂动作技能学习的早期阶段，这一阶段主要是进行模仿和尝试错误，通过教师或一套适当的标准判断操作的正确性。

・机械动作。机械动作指学生的反应已成为习惯,已达到自动化水平。这一阶段的学习目标涉及各种形式的操作技能,但动作模式并不复杂。

・复杂的外显行为。复杂的外显行为指包含复杂动作模式的熟练动作操作,操作的熟练性以精确、迅速、连贯协调和轻松稳定为标准。

・适应。适应指技能的高度发展水平,学生能修正自己的动作模式以适应特殊的装置或满足具体情境的需要。

・创新。创新指创造新的动作模式以适合具体情境,强调以高度发展的技能为基础进行创造。

③情感学习领域目标分类。情感学习领域的目标共分为五级:接受或注意、反应、评价、组织、价值与价值体系的性格化。

・接受或注意。接受或注意是将注意力集中到某件事或某个活动中,并准备接受。例如,参加班级活动。

・反应。反应指学生主动参与、积极反应,表现出较高的兴趣。例如,完成教师布置的作业,提出意见和建议等。学习的结果包括默认、愿意的反应和满意的反应。

・评价。评价指学生用一定的价值标准对特定的现象、行为或事物进行判断。例如,欣赏文学作品,在讨论问题中提出自己的观点。学生某一阶段的学习结果所涉及的行为表现出一致性和稳定性,与通常所说的"态度"和"欣赏"类似。

・组织。组织指学生在遇到多种价值观念呈现的复杂情境时,愿意把它们组织成体系,然后进行比较。

・价值与价值体系的性格化。价值与价值体系的性格化是学生通过对价值观体系的组织,逐步形成个人的品性。

从三个学习领域的目标分类可以看到,目标都是从简单到复杂逐级递增的,每个目标都建立在已经达到的前一个目标的基础之上,大多数的学习都是同时包含了三个学习领域的目标成分的,只是具体到某门课程或某一件事情,其中某一个学习领域的目标成分略多一些罢了。

(2)教学目标的编写

职业教育培养的是具有综合职业能力、胜任某一具体岗位的专才,是能够在生产、建设、管理和服务第一线工作的高级技术应用型人才,他们具有从事本专业实际工作的全面素质和综合职业能力。学生在获得基础知识与基本技能的过程中,教师应十分重视其能力的培养,倡导学生主动参与、乐于探究、勤于动手,培养学生搜集和处理信息的能力、获取新知识的能力、分析和解决问题的能力以及交流与合作的能力。因此,能力目标是教学目标的重要编写内容。

在编写教学目标时,我们一般把教学目标分成知识与技能目标,过程与方法目标,情感、态度与价值观目标三个层次,应分别写出对不同层次的要求。通过列出三维目标的形式来撰写教学目标,目的是能够清楚地看出三个维度的目标要求。教师在进行教学设计时需要从这三个维度去考虑,但这并不是说三个维度的目标要一个一个去完成,它们应该是整合于整个教学过程之中的。

下面是三维目标编写的具体实例。

①知识与技能目标。

A. 理解建筑平面图的形成,掌握建筑平面图的图示内容。

B. 学生通过对平面图图示内容的掌握,能举一反三,读懂各种建筑平面图。

②过程与方法目标。学生通过"自主、合作、探究"的学习方式,识读平面图。

③情感、态度与价值观目标。

A. 渗透职业道德教育,培养学生严谨的工作作风和敬业精神。

B. 培养学生自主探究、合作交流的能力。

在信息化教学模式中,教师在明确总体的、较长期的阶段性教学目标之后,可以鼓励学生根据阶段性目标设定一系列子目标,学生根据自身的情况制定相关的子目标,学业基础较好的学生制定的子目标可能会比较少,而学业基础薄弱的学生则可以对阶段性目标进行更细的划分。

三、信息化教学过程的设计

教学策略是为实现特定的教学目标而对教学顺序、教学活动程序、教学媒体、教学组织形式等因素的总体考虑。信息化教学过程的设计主要考虑的问题包括教学情境的设计、教学策略的设计、教学模式的设计、教学方式的设计等。我们不仅要强调学生自己利用互联网丰富的资源进行独立学习和研究,更要强调学生之间的合作学习。

1. 教学情境的设计

建构主义认为,认知和意义都是个体在相关情境中交互、协作完成的,不同的情境能够给学习者带来不同的活动效果。设计教学情境是信息化教学设计最重要的内容之一,教师通过与实际经验相似的学习情境的创设,来还原知识的背景,恢复其生动性、丰富性,从而使学生能够利用原有认知结构中有关的知识、经验及表象去"同化"或"顺应"学习到的新知识。利用现代化信息技术和信息资源，创设接近真实情境的方式很多，根据创设的作用和一般方法的相似性有创设故事情境、创设问题情境、创设模拟实验情境、创设协作情境等方式。

（1）创设故事情境

创设故事情境是根据教学内容、教学目标、学生原有认知水平和学生无意识的心理特征，通过各种信息技术和信息资源，以"故事"的形式将知识展现给学生，尽可能多地调动学生的视听觉感官，进而使学生理解和建构知识。

（2）创设问题情境

创设问题情境是在教学内容和学生求知心理之间设置疑问，将学生引入一种与问题有关的环境中。问题情境的设计可激发学生的探求欲望，可以引导学生多角度、多方位地对教学内容进行分析、比较和综合，进而使学生建构新的认知结构。在信息化教学中，设置问题环境的方式多种多样，教师可以通过故事、模拟实验、图像、音像、活动等多种途径设置。

（3）创设模拟实验情境

创设模拟实验情境是利用各种信息资源设计与主题相关的尽可能接近真实的条件和环境。用这种方法可以解决学生各种因条件不足而出现的困惑。

（4）创设协作情境

协作情境与外部世界具有很强的相似性，有利于高级认知能力的发展、合作精神的培养和良好人际关系的形成。在这种情境中，学生的角色可以进行隐藏，教师的角色也发生了转变。教师的任务不仅仅是教学内容的逻辑排列和目标的合理安排，更多的是学生的协作情况、学习过程的规划设计。设计协作情境是使学生利用网上多种交流工具（如BBS、QQ、电子邮件），通过竞争、协作、伙伴和角色扮演等方式进行学习，学生针对某一个问题展开讨论交流，共同完成学习任务。信息化协作情境实现了时间和空间上的连续，使交互变得更加容易控制。

2. 教学策略的设计

目前国内外比较流行的信息化教学策略是自主教学策略和协作式教学策略。其中，自主教学策略包括支架式教学策略、抛锚式教学策略和随机进入教学策略等。

（1）自主教学策略的设计

①支架式教学策略。支架式教学策略认为应当为学习者建构一种有助于知识理解的概念框架，用于促进学习者对问题的进一步理解。因此，教师事先要

把复杂的学习任务加以分解，以便把学习者的理解逐步引向深处。它是根据维果斯基的最近发展区理论，对较复杂的问题通过建立"支架式"概念框架，使得学习者自己能沿着"支架"逐步攀升，从而完成对复杂概念意义建构的一种教学策略。

支架式教学策略由以下几个步骤组成：

·搭脚手架。围绕当前学习主题，按"最近发展区"的要求建立概念框架。

·进入情境。将学生引入一定的问题情境（概念框架中的某个节点）。

·独立探索。让学生独立探索。探索内容包括确定与给定概念有关的各种属性，并将各种属性按其重要性大小顺序排列。开始探索时，由教师启发引导（如演示或介绍类似概念的过程），然后让学生自己去分析。探索过程中教师适时提示，帮助学生沿概念框架逐步攀升。起初的引导、帮助可以多一些，以后逐渐减少，教师愈来愈多地放手让学生自己去探索，最后做到无须教师引导，学生自己就能在概念框架中继续攀升。

·合作学习。学生进行小组协商、讨论。讨论使原来确定的、与当前所学概念有关的属性增加或减少，各种属性的排列次序也可能有所调整，并使原来多种意见相互矛盾且态度纷呈的复杂局面逐渐变得明朗、一致起来。学生在共享集体思维成果的基础上实现对当前所学概念比较全面、正确的理解，即最终完成对所学知识的意义建构。

·效果评价。对学习效果的评价包括学生个人的自我评价和学习小组对个人的学习评价。评价内容包括自主学习能力、对小组合作学习做出的贡献、是否完成对所学知识的意义建构。

②抛锚式教学策略。抛锚式教学有时也称为"实例式教学"或"基于问题的教学"。这种教学策略要求学生到实际的环境中去感受和体验问题，而不是听经验的间接介绍和讲解。在实际情境中一旦确立一个问题，整个教学内容和教学进程就被确定了（就像轮船被锚固定一样）。抛锚式教学与认知的弹性理论有着极其密切的关系，只是该理论主要强调以技术为基础的学习。抛锚式教学策略由以下几个步骤组成。

·创设情境。使学习能在和现实情况基本一致或相似的情境中发生。

·确定问题。选择与当前学习主题密切相关的真实性问题作为学习的内容。

·自主学习。教师向学生提供问题的有关线索，让学生自主学习并解决该问题。

③随机进入教学策略。随机进入教学的基本思想源自建构主义学习理论的一个新分支即认知灵活性理论。这个理论的宗旨是要提高学习者的理解能力和

知识迁移能力（即灵活运用所学知识的能力）。随机进入教学策略要求教师对同一教学内容，在不同时间、不同情境下，为不同的目的、用不同方式加以呈现。随机进入教学策略主要包括以下几个步骤。

·呈现基本情境。向学生呈现与当前学习主题相关的情境。

·随机进入学习。在此过程中教师应注意发展学生的自主学习能力，使学生逐步学会自主学习。

·思维发展训练。由于随机进入学习的内容通常比较复杂，所研究的问题往往涉及许多方面，因此，教师还应特别注意发展学生的思维能力。其方法是教师与学生之间的交互在"元认知级"进行（即教师对学生应加强思维方法的指导，向学生提出问题）；建立学生的思维模型，了解学生思维的特点；培养学生的发散性思维。

·小组合作学习。围绕通过呈现不同侧面的情境所获得的认识展开小组讨论。在讨论中，每个学生的观点在和其他学生以及教师一起建立的社会协商环境中受到考察、评论，同时每个学生也对别人的观点、看法进行思考并做出反应。

·学习效果评价。包括自我评价与小组评价，评价内容与支架式教学策略的相同。

（2）协作式教学策略的设计

协作式教学策略是一种既适合于教师主导作用的发挥，又适合于学生自主探索、自主发现的教学策略。协作式教学可为多个学习者提供对同一问题用多种不同观点进行观察比较和分析综合的机会，这种机会显然对问题的深化理解、知识的掌握运用和能力的训练提高大有裨益。常用的协作式教学策略有竞争、协同和伙伴三种。

①竞争。竞争指两个或多个学习者针对同一学习内容或学习情境，通过计算机网络进行竞争性学习，看谁先达到教学目标的要求。由于学习者的竞争关系，学习者在学习过程中，会很自然地产生人类与生俱来的求胜本能，所以学习者在学习过程中会全神贯注，学习效果比较显著。

②协同。协同指多个学习者共同完成某个学习任务，在共同完成任务的过程中，学习者发挥各自的认知特点，相互争论、相互帮助、相互提示或者分工合作。学习者对学习内容的理解和领悟就在这种和同伴紧密沟通与协作的过程中逐渐实现。

③伙伴。由于个人的思考范围有限，若在学习过程中，学生能和伙伴相互交流、相互鼓励将达到事半功倍的效果。伙伴策略指学生与自己熟识的同学一起学习，没有问题时，大家各做各的；遇到问题时，便相互讨论，从别人的思

考中得到启发和帮助。它可以使学生在学习过程中感觉到自己并不是孤独的，而是有一位伙伴可以互相支持、互相帮助的，当一方有问题时，他可以随时与另一方讨论。

3. 教学模式的设计

信息化教学设计的模式很多，包括基于资源的主题教学模式、基于项目的教学模式、基于问题的教学模式、Webquest 的教学模式、基于网络协作学习的教学模式、基于案例学习的教学模式、情境化教学模式、基于概念图的教学模式、基于电子学档的教学模式、基于多元智能的个性化教学模式以及许多一线教师自己创造的网络时代的新型教学模式等。

4. 教学方法的设计

信息化教学方法指教师通过现代教育媒体，向学生传递教育信息过程中所采取的工作方式，包括对学生学习认识活动的组织方式和控制方式。

信息化教学方法很多，这里主要介绍任务驱动教学法、基于问题的教学法、范例教学法。

（1）任务驱动教学法

任务驱动教学法是建立在建构主义学习理论基础上的。它要求将教学内容隐含在一个或几个有代表性的任务中，以完成任务作为教学活动的中心；学生在完成任务的动机驱使下，通过对资源的利用，在自主探索和互动协作的学习过程中，完成任务，实现意义的建构。任务包括封闭型任务和开放型任务两种。

在任务驱动教学法的设计中，任务的设计是关键。设计任务时一般要遵循以下原则：

①可以激发学生的学习兴趣与学习欲望。教学中的任务设计，必须符合学生的年龄与心理特点，充分考虑这个年龄段学生的兴趣与爱好，兴趣是最好的老师。

②难度适中。现代教育要求教学面向全体学生，因此，在设计任务时要考虑学生学习能力之间的差异，确保任务的难度适中，绝大多数学生经过努力都能完成。但任务也要有一定的难度，若学生独立完成有些困难，则他们可通过学习小组合作完成，这样可培养学生与人沟通的能力和团队意识。

③体现真实性与合理性。教师在设计任务时，要创设贴近学生生活的真实情境，不要盲目地把各种知识与教学目标加到任务中，以造成任务不明确，不贴近学生生活。

④利于培养学生的情感态度与价值观。现在的教学提倡三维教学目标，即

知识与技能，过程与方法，情感、态度与价值观。教学不仅是知识和技能的简单传授，更应关注学生情感、态度与价值观的形成。

⑤利于小组合作学习。教师设计的任务，最好是小组合作完成，这样有利于学生相互之间信息的共享，使学生取长补短共同发展，也有利于培养学生的团队合作精神。

（2）基于问题的教学法

基于问题的教学法是把学生置于复杂的、有意义的问题情境中，通过让他们以小组合作的形式共同解决复杂的、实际的或真实的问题，来学习隐含于问题背后的知识，形成解决问题的能力，发展自主学习和终身学习的能力。

基于问题的教学法是由教师精心设计问题或者师生合作提出问题，以问题为焦点组织学生进行调查和探究，从而让学生了解问题解决的思路与过程，掌握相关概念和知识，培养学生理解问题、分析问题和解决问题的能力，使其从中获得解决现实问题的经验，最终形成自主学习的意识和能力的一种教学方法。

基于问题的教学法的五个关键要素：问题或项目、解决问题所需的技能和知识、学习小组、问题解决的程序、学生自主学习的精神。

基于问题的教学法应用的步骤：创设情境，提出问题；界定问题，分析问题，组织分工；探究、解决问题；展示结果，成果汇总；评价、总结与反思。

（3）范例教学法

范例教学法是教师在教学中选择基础的本质的知识作为教学内容，通过"范例"内容的讲授，使学生能够举一反三掌握同一类知识的方法。

运用此法的目的在于促使学生独立学习，而不是要学生复述式地掌握知识，在于使学生能够将所学的知识迁移到其他方面，进一步发展所学的知识，以改变其思维方式和行动能力。

四、学习资源的设计

学习资源是可以提供给学习者使用，能帮助和促进他们学习的信息、技术和环境。信息化学习资源，主要指蕴含了大量的教育信息，能创造出一定的教育价值、以数字信号的形式在互联网上进行传输的资源。

1. 信息化学习资源的特征

（1）处理数字化

它指将声音、文本、图形、图像、动画、视频等信息经过转换器抽样量化由模拟信号转换成数字信号。数字信号的可靠性远比模拟信号的高，对它的纠错处理也容易实现。

（2）存储光盘化

光盘存储数字信息容量大、体积小。一张光盘可以存储A4纸文本650000页、全屏动态图像1小时12分钟、调频立体声5个小时。

（3）显示多媒体化

这指利用多媒体计算机技术存储、传输、处理多种媒体学习资源，如声音、文本、图形、图像和动画等。

2. 信息化学习资源的选择原则

（1）基本原则

我们一般以能够促进教学目的或教学目标的完成为标准来选择和运用资源，这是选择信息化学习资源的基本原则。

（2）具体原则

在教学过程中，人们还总结出了一些具体原则，对学习资源的选择有很大帮助。

①根据教学媒体的特征和功能选择学习资源。每一种媒体都具有一定的特征和功能，各种媒体在色彩、立体感、表现形式、可控性以及反馈机制等方面都是不相同的，它们都有自己的长处和短处，它们之间可以互补，没有"万能的媒体"。选择媒体时，应发挥媒体的长处，避开其短处，尽最大可能地发挥其功能。

②按学习目标和学生特征选择学习资源。学习资源在体现学习目标时其功能是不一样的，而学生的学习风格也不尽相同，选择学习资源时要始终如一地考虑这两个因素。

③易获得的学习资源。在现实条件下，学校或教师是否容易获得学习资源，使用学习资源需办的手续是否烦琐等，是选择学习资源时应考虑的问题。

④最小代价的学习资源。即考虑使用学习资源可能得到的效益与获得学习资源需要付出的代价的比值。一般希望花小的代价，获得大的效益。

⑤熟悉的学习资源。教师选择熟悉的学习资源，有利于开展教学活动，充分发挥学习资源的作用。

3. 信息化学习资源的设计

学习资源的设计对学习者的学习至关重要。信息技术环境下，教育教学可利用的资源多种多样，但也存在着内容良莠混杂、真伪难辨的问题。教学设计者必须保证学习资源的有效性，也就是要保证这种学习资源能够达成教学所需要的教育功效。因此，在信息化教学设计中，教师应为学生提供丰富的学习资源，要深入思考信息的组织方式、学习资源的特点，思考它们与学生的学习能力、学习类型、学习方式、学习过程之间的关系，要充分考虑人的因素、知识的因素以及社会发展的需要，保证学习资源的有效性，为学生创设真实的情境，以利于他们对知识意义的建构。

为了支持学生的主动探索和完成意义建构，在学习过程中教师要为学生提供各种信息化学习资源。教师应确定学习主题所需要的学习资源的种类和每种学习资源对学习主题所起的作用，对于应该从何处获取有关的资源，如何获取及有效地利用这些资源等问题，教师要给予学生适当的帮助和指导。除了学生在教师的指导下，通过网络自己获取学习资源外，教师还应精心设计与主题相关的学习资源库，利用校园网或者专题学习网站等对广泛的学习资源进行初步的筛选和加工整理。

网络学习资源是信息化学习资源的主体，它指经过数字化处理，可以在网络环境下运行的，并能用浏览器阅读，实现共享的多媒体学习材料。网络学习资源具有多样性、共享性、实效性、再生性等特点。网络学习资源的类型可分为网络课件、网络课程、专题学习网站、案例库、题库等。不同类型的网络学习资源其设计方法、开发过程、应用范围与功能不同，如表5-2所示。

表 5-2　各类网络学习资源的应用范围与教学功能

网络学习资源类型	应用范围与教学功能
网络课件	知识点的辅助教学
网络课程	整门课程的教学
专题学习网站	专题的学习和研讨
案例库	典型个案分析
题库	单元或课程的练习测试

各类网络学习资源的设计，必须符合以下四点要求：具备丰富多样的学习资源；具有良好的学习交互功能；直观友好的界面；提供活泼生动的教学策略。网络学习资源的设计涉及相关度、整合度和扩展度等方面的知识。所谓相关度，就是与教学内容相关的程度；整合度就是知识内容被综合、加工、处理的程度；扩展度就是扩大知识面、丰富素材资料、增加学习功能的程度。

五、信息化教学方案的编写

通过以上一系列教学设计工作的实施，我们在进行教学以前，就会对其各个环节及其影响因素有一个全面、深刻的认识，这为更科学、更系统、更详细、更具体地编写教学方案奠定了基础。教学方案既是实施教学的依据，也是对教学设计工作的总结，可以用文字、框图、流程图、表格等形式表述。

1. 信息化教学方案的编写步骤

信息化教学方案的编写从操作的层面看，主要包括八个步骤，即单元教学目标分析、学习任务与问题设计、信息资源查找与设计、教学过程设计、学生作品范例设计、评价量规设计、单元实施方案设计、评价与修改。如表5-3所示。

表5-3 信息化教学方案的编写步骤

步骤	任务/目标
单元教学目标分析	确定学生通过此教学应该达到的水平或获得的能力
学习任务与问题设计	根据单元教学目标，设计真实的任务和有针对性的问题
信息资源查找与设计	根据任务和问题以及学生的学习水平，确定提供资源的方式。教师可以要求学生自己按照学习目标查找资源，也可以提供现成的资源给学生。前者必须由教师设计好要求、目的；后者要求教师寻找、评价、整合相关资源或提供资源列表
教学过程设计	梳理整个教学过程，使之有序化。一般情况下，应写出文字的信息化教案
学生作品范例设计	在教学过程中，如果要求学生以完成电子作品的方式进行学习，教师应事先提供电子作品的范例，使学生对将要完成的学习任务具有一个感性认识
评价量规设计	运用结构化的评价工具——量规评价信息化学习（特别是电子作品）。量规的设计应当具有科学性，以确保评价的可操作性和准确性
单元实施方案设计	具体实施方案设计，包括实施时间表、分组方法、上机时间分配、实施过程中可能遇到的软硬件问题等
评价与修改	在教学设计过程中，评价与修改是随时进行的，伴随设计过程的始终

值得指出的是，这八个步骤不是僵硬的格式。教学设计者可以按照实际的教学需求跳过某些步骤或合并一些步骤或重新排序。

教学过程结构流程图是教学方案的组成部分和图示，具有设计科学、应用方便、美观明了等特点。绘制教学过程结构流程图时，要用类似计算机的流程语言，用简明的几何图形表示一定的教学活动意义、内容；用线段、箭头连接表示进程关系。这样设计形象直观、一目了然。常见的图例如图5-1所示。

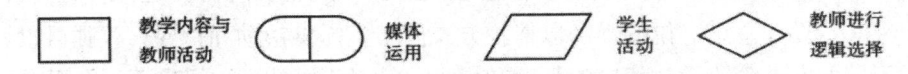

图 5-1　教学过程结构流程图常见的图例

2. 信息化教学方案编写模板

教学方案主要有两种编写格式，即叙述式和表格式。不管哪种格式的教学方案都包括教学目标（或学习目标）、教学内容、学生活动、教师活动、教学媒体和时间分配等内容。叙述式编写格式更适合编写研究性学习的教学方案。

（1）叙述式教学方案

课题名称

设计者（姓名、通信地址）

①概述。

·说明学科和年级。

·简要描述课题来源和所需课时。

·概述学习内容。

·概述这节课的价值以及学习内容的重要性。

②教学目标分析。从知识与技能、过程与方法、情感态度与价值观三个维度整体描述这节课预期达到的教学目标。

③学习者特征分析。说明学习者在知识与技能、过程与方法、情感态度与价值观三个方面的学习准备（学习起点），以及学生的学习风格。注意结合特定的情境，切忌空泛。还要说明教师是以何种方式进行学习者特征分析的，如通过平时的观察、了解，或通过预测题目的编制、使用等。

④教学策略选择与设计。说明本节课设计的基本理念、主要采用的教学与活动策略，以及这些策略实施过程中的关键问题。

⑤教学资源与工具设计。教学资源与工具包括两个方面：一是支持教师教的资源与工具；二是支持学生学的资源和工具。具体为学习的环境、多媒体教学资源、特定的参考资料、参考网址、认知工具以及其他需要特别说明的传统媒体。如果是其他专题性学习、研究性学习方面的课程，还要描述需要的人力支持。

⑥教学过程。这一部分是该教学方案设计的关键所在，要说明教学的环节及所需的资源支持、具体的活动、设计意图以及教师引导语。最后，画出教学过程结构流程图。流程图中要标注每一个阶段的教学目标、教学媒体和相应的评价方式。

⑦教学评价设计。创建量规，向学生解释他们将被如何评价（如来自教师

和小组其他成员的评价）。另外，学生可以创建一个自我评价表，进行自我评价。

⑧帮助和总结。说明教师以何种方式向学生提供帮助和指导。教师可以针对不同的学习阶段设计相应的帮助和指导，针对不同的学生提出不同水平的要求、给予不同的帮助。在学习结束后，教师对学生的学习做出简要总结。教师可以布置一些思考练习题以强化学习效果，也可以提出一些问题鼓励学生超越这门课的学习，把思路拓展到其他领域。

（2）表格式教学方案（如表5-4）

表5-4 表格式教学方案

课题名称				
科目		教学对象		提供者	
课时				
一、教材内容分析					
二、教学目标（知识与技能、过程与方法、情感态度与价值观）					
三、学习者特征分析					
四、教学策略选择与设计					
五、教学环境及资源准备					
六、教学过程					
教学活动		教师活动	学生活动	设计意图

3. 信息化教学方案案例

下面是一些教学方案编写的案例，教师可以在教学设计的初期阶段模仿。但是，随着对教学设计理论研究的深入以及信息技术环境的不断变化，教师应能创造出更新更多的教学设计形式。

（1）Intel未来教育项目单元计划案例

①学科领域。介绍本方案所适用的学科领域。如果方案中涉及多个学科，建议不要超过四个。

②适用年级。介绍本方案所适用的学生年级，建议不要跨度过大。

③教学/学习内容概述。在此处对学习内容进行简要的概述，如果涉及角色扮演等，还应在此处设置情境。

④学习目标/学习成果。先用一两句话概括学生通过此次学习将会获得或学到什么。然后清晰描述学生行为的最终结果将是什么。这些最终结果可以是如下几个：

· 学到了一系列知识。

· 解答了一系列问题。

· 培养了高级思维能力和信息处理能力。

· 总结了所创建的事物的特征。

· 阐明了自己的立场并进行了说明。

· 进行了具有创意的工作。

⑤学习步骤。介绍学习者完成任务应遵循的步骤时，一定要使这些步骤简明清晰。这一部分是教学方案设计的关键所在。教师还可以为学生提供一些建议，以帮助他们整理收集到的信息或发展高级思维能力。"建议"可以采用由复选框组成的问卷形式，问卷中的问题旨在分析信息或引起学生对要思考的事物的注意。如果有必要，可以在此处考虑对不同层次的学生进行个别化教学。

⑥所需材料及资源。介绍学习者可用于完成任务的材料或参考网址（建议在每个网址后写上一句话，简要介绍通过该网址可以获得的信息）。

⑦评价方法或工具。创建评价量规、自我评价表或其他评价工具，以便学生知道将如何评价他们。

（2）Webquest案例

①概述。

· 说明学科（数学、语言艺术等）和年级（中学、小学、学前等）。

· 描述课题的内容。

· 列出学生完成学习任务所需的所有特殊资源，如多媒体中心的印刷材料、艺术复制品、音视频素材。

②分析。

· 教学目标分析。

· 学习者特征分析。

· 策略选择。

③介绍。

· 为学生提供学习主题的背景资料，使他们对学习主题产生兴趣。

- 如果学习主题是关于某地的,则应提供一些总体介绍、照片、音频文件。
- 如果学习主题是关于某人的,则应提供这个人的背景资料。
- 如果学习主题是提出一些相反的观点,则需简要介绍这些观点。

④问题和任务。

- 问题。为了帮助学生完成学习任务,应向学生提出一些引导性的问题。如这个工作为什么是必要的?任务如何或哪些问题会引发观点的冲突?什么东西引起这种情况?是不是有其他的方法来看待这个问题?你能否看到冲突的双方(如环境保护主义者和产业发展者)?
- 任务。概述学生要学的东西,如尽管飞行存在人所共知的危险,是否还要为了获得潜在而有益的医学知识而鼓励老年人坐飞机?

给学生分配不同的角色,让学生解决不同观点的冲突。教师应设计2—4种角色,记住给学生提供协作学习的机会。告诉学生要做什么,他面对的主要问题是什么。由于学生需要清楚理解他们的角色,所以教师要引导他们访问网站、翻阅印刷材料或查看多媒体课件中的视音频资源,向学生解释应该如何带着任务阅读材料。

⑤过程。向学生解释角色类似的人可以一起学习,也可以独立学习。

一旦学生了解了他们的角色、收集到足以使他们做出结论的背景材料,小组的成员就应该一起讨论问题。小组合作的目标是形成一个意见一致的文档或报告。

教师应给学生提供小组学习的指导,并确信他们清楚他们所扮演的角色会和扮演其他角色的同学在观点上有分歧。教师应分析他们该如何解决这些冲突,以及他们头脑中应该有哪些可使他们妥协的原则。

⑥资源。给学生确定他们完成任务所需的其他资源,包括以下几项:
- 建立幻灯片的 PowerPoint 软件。
- 相关网址
- 百科全书。
- 彩色打印机。

⑦评价。让学生清楚了解评价他们学习的评分标准。教师可提供在线评价标准的链接,让他们事先知道有哪些评价标准和成绩的计算方法。

⑧结论。向学生说明总结是为了获得一个进一步分析的机会。

(3)基于 Internet 的研究性学习教学案例

①描述。描述课程的基本情况、参与者的年级、所涉及的学科以及所需的时间。

②学习目标。教师要明确学生通过研究应掌握哪些能力和策略，这对于课程的成功非常重要。

③资源。列出教学过程中用到的网址，做到网址少而精，不要列一大堆无关紧要的网址。

④活动/过程。

第一步：确定问题或提出更多的问题。向学生展示一个不易解决的问题，目的是为学生创设一个发展综合能力的问题。创设一个较高层次问题的关键是保证学生在解决这个问题时需要做出选择。

在这一步中，学生要分析即将解决的主要问题，这就需要他们建立一个问题列表。这些问题将指导他们在资料收集过程中选择适当的信息。教师可以确定问题或帮助学生提出一些指导性的问题。

第二步：组织分工。小组成员要一起确定每个人所应承担的责任，决定谁将做什么工作，以及将如何合作。他们还要决定利用什么资源，以及如何收集信息。这里小组成员需要一定的合作技巧。

第三步：收集信息。小组成员收集有助于回答或解决主要问题的相关信息。如何收集信息是一个需要教师教授的技巧。小组合作时应确保每一个人都能参与进去并能很好地合作。

第四步：整理分析信息。当小组成员已经收集到足以回答或解决问题的信息时，他们就一起将所收集到的信息分类。为了更好地分析所收集的信息，小组成员需要明确以下问题：

·所收集的信息是否有助于回答或解决主要问题？

·所收集的信息是否足以做出决定或解决问题？

在这一步中，小组成员需要更为深入地研究所收集到的信息。学生（或在教师的帮助下）将利用以问题形式组成的标准列表来分析信息，这有助于他们筛选有用的信息，以便获得最终的答案或解决方案。

第五步：创建答案/解决方案。在这一步中，小组成员要思考下面一些问题：怎样才能利用已有的观点和所收集的资料形成一个新的答案或解决方案？最终结果（产品）将是怎样的？这是一个富有创意的过程。

⑤评价与展示作品。小组之间共享他们所创建的答案或解决方案，相互评价他们在这个项目上的表现。评价需要关注研究过程的每一个步骤。在项目结束的时候，教师要花一些时间确定一个新项目的目标，这点很重要，因为学生希望知道他们怎样才能在下一步的合作研究中提高自己。

第三节 职业教育信息化教学评价

教学评价以教学目标为依据，通过制定科学标准，运用一切有效的技术手段，对教学活动过程及其结果进行测定、衡量并给以价值判断。教学评价是教学设计的有机组成部分，由评价主体、评价客体、评价方法和评价标准等要素构成。首次将评价纳入教学过程的是泰勒，他强调评价对教学的反馈功能。其后随着西方教育改革运动的兴起，评价的改进与调控功能受到人们的关注，教学评价转向关注对学生的学习诊断的促进作用。教学评价功能可以概括为五个方面：反馈调节功能、诊断调节功能、强化激励功能、教学提高功能、目标导向功能。

一、教学评价分类

教学评价类型很多，按评价功能不同，可分为诊断性评价、形成性评价和总结性评价。

1. 诊断性评价

教师要想制定适合每个学生特点和需要的有效教学策略，就必须了解学生，了解他们的知识储备，了解他们的技能和能力水平，了解他们对所要学习的学科的态度，了解导致学生学习成功（或失败）的原因等。了解学生的手段之一，就是对学生进行测试，即诊断性评价。学年或课程开始之前的诊断性评价，主要用来确定学生的入学准备程度以对学生进行安置；教学进程中的诊断性评价，则主要用来确定妨碍学生学习的原因。

2. 形成性评价

形成性评价是在教学过程之中，为引导该项教学前进或使教学更为完善而进行的对学生学习结果的确定。它注重对学习过程的测试，注重测试结果对学生和教师的反馈，并注重经常进行检查。形成性评价的主要目的不是给学生评定等级，而是改进学生完成学习任务所必备的主、客观条件。

3. 总结性评价

总结性评价是为了解教学活动的最终效果而进行的评价。它着眼于学生对某门课程整体的掌握，注重测量学生达到该课程教学目标的程度。因此，总结性评价进行的次数不多，一般是一个学期或一个学年两三次。期中、期末考查或考试以及毕业会考等均属此类评价。

二、信息化教学评价与传统教学评价的比较

为了达到信息化教育的培养目标，其教学评价必须与各种相关的教学要素相适应，从而与传统的教学评价表现出不同，其区别可以概括为以下五点：

1. 评价目的不同

传统的教学评价侧重于评价学习结果，以便给学生定级或分类。评价通常包含根据外部标准对某种努力的价值、重要性、优点的判断，并包含依据这种标准对学生所学到的与没有学到的进行判断。为了评价学习结果，传统的教学评价往往是正规的、判断性的。而在信息化教学中，评价是基于学生表现和过程的，用于评价学生应用知识的能力。关注的重点不再是学到了什么知识，而是在学习过程中获得了什么技能。这时的评价通常是不正规的、建议性的。

2. 评价标准的制定者不同

传统教学评价的标准是根据教学大纲或教师、课程编制者等的意图制定的，因而对团体学生的评价标准是相对固定且统一的；而信息化教学强调学生的个别化学习，学生在如何学、学什么等方面有一定的控制权，教师则起到督促和引导的作用。为此，在信息化教学中，评价的标准往往是由教师和学生根据实际情况和学生先前的知识、兴趣和经验共同制定的。

3. 对学习资源的关注不同

在传统教学中，学习资源是相对固定的教材和辅导材料，因而对学习资源的评价相对忽视，只是在教材和辅导材料等成为产品前，由特定学生与教师进行检验评价。而在信息化教学中，学习资源的来源十分广泛，特别是互联网在学习中的介入，更使学习资源呈现了取之不竭之势。然而这些资源的质量跨度是很大的，有一流的精品，也有纯粹的糟粕。在这种情况下，选择适合学习目标的资源不仅仅是教师的重要任务，也是学生终身学习所要具有的必备能力之一。因而，在信息化教学中，对学习资源的评价受到更广泛的重视。

4. 学生所获得的能力不同

在传统的教学评价中，学生是被动的。他们通过教师的评价被定级或分类，并从评价的反馈中认识自己的学习是否达到预期。然而，在信息化社会中，面对不断更新的知识，指望他人像传统教学中的教师一样适时地为自己的学习提供评价是不可能的。因而，作为一个合格的终身学习者，自我评价将是一个必备的技能，培养学生的这种技能本身就是信息化教学的目标之一，也是评价工作的任务之一。

5. 评价与教学过程的整合性不同

在传统教学中，评价往往是在教学之后进行的一种孤立的、终结性的活动，目的在于对学习结果进行判断。而在信息化教学中，培养自我评价的能力本身就是教学的目标之一，评价具有指导学习方向、在教学过程中给予激励的作用。由于评价的参与，学生才能实现预期的学习目标。因此，评价是镶嵌在真实任务之中的，评价的出现是自然而然的，是一个进行之中的、嵌入的过程，是整个学习的不可分割的一部分。

应该指出的是，虽然信息化的教学评价有着与传统教学评价的种种不同之处，但在应用上它们并不是对立的。传统教学评价关注结果，评价的客观性强，而信息化教学评价关注过程和资源，有助于发挥学生的主动性，两者各有优势。一个成熟的教学设计者应该注意在实际教学中，将两者结合起来应用，只有这样才能实现有效的评价。

三、信息化教学评价的原则

在信息化教学中，以下一些评价原则将有助于达到评价目的，进而实现教学的目标。

1. 在教学进行前提出期望实现的目标

在信息化教学中，学习的任务往往是真实的，而学生又具有较大的自主权和控制权。为避免学生在学习过程中迷途，在教学进行前，教师应通过提供范例、制定量规、签订契约等方式使学生对自己要实现的目标有明确的认识。这样，学生就会主动地使自己的工作与任务的预期要求看齐。

2. 评价要基于学生在实际任务中的表现

在信息化教学中，教学的组织者要尽可能地从"真实的世界"中选择挑战和问题，并在评价时关注学生在实际任务中所表现出来的提问能力、寻求答案能力、理解能力、合作能力、创新能力、交流能力和评价能力。评价的重点应放在如何使学生的这些能力得到发展和提高上，而不仅仅是放在判断学生的能力上。

3. 评价是随时并频繁进行的

既然信息化教学中的评价是一个进行中的、嵌入的过程，那么它也应该是随时并频繁进行的，目的是衡量学生的表现与教学目标之间的差距，进而及时改变教学策略，或者要求学生改变他们的学习方法及努力方向。事实上，评价是促进整个学习发展的主要工具。

4. 学生对评价的质量承担责任

要发展自我评价能力,学生就要有机会制定和使用评价的标准,他们应在思考和反思中发展自身的技能。学生应该知道如何回答和解决诸如"需要解决的问题是什么?""我们怎样才能知道自己已经取得了进步?""我们如何才能得到提高?""我们怎样才能变得优秀?"之类的问题。因此,只要有可能,教师就要尽量鼓励学生进行自评或互评,并让他们对评价的质量承担责任。

四、信息化教学评价的方法

信息化的教学评价主要关注的是学习过程。虽然我们可以对传统的评价方法,包括测验、调查、观察等进行改造,使之在原有优势的基础上,尽可能满足信息化教学评价的要求,但这些是远远不够的。信息化教学评价需要发展一些新的评价方法(工具)。这些评价方法(工具)包括:量规、学习契约、范例展示、电子学档、评估表。

1. 量规

量规是一种结构化的定量评价标准,往往从与评价目标相关的多个方面详细规定评级指标。它是对学生的作品、成果、成长记录袋或者表现进行评价或者等级评定的一套标准。同时它也是一个有效的教学工具,是连接教学与评价的重要桥梁。它具有操作性好、准确性高的特点。其目的是分析学生的学习效果,包括学习作品和学习过程。

2. 学习契约

学习契约也称为学习合同,是学习者与帮促者(专家、教师或学友)之间的书面协议或者保证书。这种评价方法来源于真正意义上的契约或合同。例如,当建筑设计师承担一项设计时,委托人通常就这项设计的具体要求及交付日期进行详细的说明,并与设计师签订合约。待设计完成后,评价设计是否合格(设计师是否能拿到酬金)的主要依据将是这纸合约。由于学习契约允许学生控制自己的学习进程,这在最大限度上满足了学生的个别化需要,又由于学生自己参与了保证书的签订,了解预期的工作任务,因而学生能够在较长的时间内根据契约的内容来评价自己的学习,以及保持积极的态度,反过来学习契约也能激发学生的学习动机与学习热情。当然,学习契约也不一定总是给学生很大的自由,教师完全可以根据需要制定相对客观的学习指标。

3. 范例展示

范例展示，就是教师在布置学习任务之前，向学生展示符合学习要求的学习成果范例，以便学生具有清晰的学习预期。例如，在信息化教学中，教师常常要求学生通过制作某种电子文档来完成学习任务，如多媒体演示文稿，教师提供的范例既可以拓宽学生的思路，也可以在技术和主题上对学生的学习起到引导作用。

4. 电子学档

电子学档，又称为电子档案袋，是按一定目的收集的反映学生学习过程以及最终效果的一整套材料，这些材料以数字化的形式存在，这样便于组织与管理。电子学档在客观上有助于促进个人的成长，学生能在自我评价中逐渐变得积极起来。电子学档中包含各种形式的学习材料，如文章、图画、视频、音频、计算机程序等。一个艺术家的电子学档包含使用一系列艺术媒体和技术创造的艺术作品、不断进步的作品、最初的草图和已完成的作品等。电子学档使学生能在一段时间后检查自己的成长，从而成为学生自身努力的更有见识、更善思索的评估者。电子学档提供具体的参考资料，凭借这些资料，教师能辅导和支持学生实现自己的学习目标。电子学档不但保存学生的学习踪迹，还收集学生的电子作品。

5. 评估表

评估表是由问题或评价条目组成的表单，适当地设计评估表可以帮助学生通过回答预先设计好的问题来产生某种感悟，从而增强他们的自主学习能力，达到提高学习效果的目的。事实上，评价的结果已经不重要，重要的是学生从中掌握了评价网上教育资源的技能。

五、信息化教学评价的主要内容

（1）收集信息能力

能运用信息技术自主收集信息资源，并具有分析判断能力。

（2）整理信息能力

能根据需要，在资源中选择相关性较强的信息并分类整理。

（3）运用计算机能力

能将资源加工处理，用相关软件制作出作品。

（4）感悟运用所学知识的能力

能判断是否学到了知识、获得了运用知识的能力。

（5）创新能力

能够在学习的基础上，提出新的观点，做出新的作品，寻找身边事物的不足，提出有新意的设想。

第六章 新一代信息技术发展与职业教育

第一节 云计算与职业教育

现如今,由于信息技术的不断推动,信息化已经不仅代表的是一种检测手段,它已经成为当今社会各个领域产业发展的强大助力。而在当下,云计算作为一项创新技术,它以互联网的相关技术为基础,深入渗透职业教育的各个方面,不仅对职业教育信息化的建设具有创新性的影响,而且为职业教育信息化建设的探索创造出了新的途径,提供了新的技术。

一、云计算的定义

云计算是按照使用量进行付款的一种技术,通过对互联网资源的技术扩展,从而发展成为网络计算和分布式计算等互联网技术相融合的产物。它一般有以下特征:云计算所支持的用户都比较虚拟化;云计算支持的数据有较高的可靠性;云计算技术的规模较大,可以实现多种资源共享;云计算可以利用客户的实际要求进行扩充和缩小;云计算的成本较低,而且资源利用率极高。

二、职业教育领域学生学习的现状

很多的职业院校都以培养学生的专业技能为首要任务,很少对学生的社交能力和独立处理问题的能力进行培养。然而根据目前我国对人才要求来看,学生不仅仅需要良好的职业技能更需要具备基本的人际交往能力,遇到问题时他们应能够随机应变,能够独自思考问题、解决问题。但是现在很多的高校毕业生都缺乏基本的交际能力,有的甚至还不能用普通话与别人交流,这些问题都将影响他们以后的职业生活。职业教育领域教学的改革应重视在一定的职业技能基础上提高学生的基本交流技巧。

三、云计算的职业教育信息化建设的优势

随着以互联网为核心的云计算技术的兴起,信息化已成为社会经济发展的必然走向和趋势。云计算技术的兴起,推动了很多新型的互联网技术的创新和发展。在与传统行业慢慢融合的过程中,职业教育开始以培养高素质技能型人才为主,我国经济和先进技术也向潮流迈进。随着职业教育信息化的深入发展,云计算已经成为当今信息技术的核心,它通过自身独特的优势促进了职业教育的信息化发展,对职业教育现代化具有重要作用。

四、云计算在职业教育领域中的应用

(一)网络环境的构建及配置

随着信息化的不断发展,很多职业院校根据本院校信息化发展的实际情况,购买了一些高效率多功能的硬件设备,以完成职业院校基础设施建设。通过前期的购买和置办,职业院校建立起校园管理特色数字化体系,然而很多职业院校人力资源匮乏,没有较多的经验,造成了成本较高的问题。而云计算作为互联网技术的集大成者,具有伸缩性、模拟性以及扩展性等特点,对学校的硬件设备要求不高,因此能够把很多计算机的内存、储存功能集中在一起,形成虚拟的计算机资源存储池,这种方式极大地降低了职业教育信息化的成本。

(二)利用网络平台促进教师专业化成长

在职业院校教育教学中,由于教师过于说教式的教学方法,学生与教师的沟通次数较低,学生之间也较少有全面的互动交流。而在教师讲解过程中,学生只是单凭记笔记来学习这节课的内容,这种方式不仅极大地影响了学生的学习速率,而且学习效果也不够明显。随着云计算的引进和发展,互联网技术在职业教育教学中得到了广泛的应用,学生通过这种教学模式实现了高效率的学习,教师通过云计算的应用实现了在线办公,学校的管理效率也进一步得到了提升。除此之外,由于云计算的超强计算能力,它可以对学生平时的考试成绩和日常学习情况进行数据检查,帮助教师掌握学生的学习情况。云计算还有拓宽教学空间的作用,教师不仅可以通过云计算来为学生提供预习方案以及学习资料,还可以通过云计算增进与学生之间的情感,增加互动的次数,从而实现了学生与学校、教师以及家长的全方位互动。这样不仅提高了学生对知识的认知能力,还极大地提高了学生的应用能力。

（三）网络终端与实时课堂教学系统对接

目前，很多职业院校都存在着许多相同的问题，如教学资源分布不均衡、校园网络系统更新成本较高、资源共享程度不够等，这些问题不仅造成了教育资源的极大浪费，也造成了职业院校教育水平相差较大。为了解决这些问题实现教育资源的共享化，职业院校引入了云计算，这样不仅实现了教育资源的共享，而且缩短了职业院校教育水平的差距，通过教育资源的优化整合以及系统更新，职业教育资源形成了良性循环，由于共享渠道的多元化，学生的学习资源越来越多。正是互联网的支持，职业教育才向时代迈进，它不仅推动了职业教育育人思维和理念的发展，而且实现了学生的个性化发展，进而成就了学生出彩人生。

五、基于云计算的职业教育教学资源——以"世界大学城"中湖南职业教育教学资源建设为例

湖南省职业教育系统依托"世界大学城"云平台，搭建起一个全省范围内的职业教育教学云平台即"职教新干线"。通过这个平台，全省职业教育系统的师生可以方便快捷地参与平台内容的拓展。

（一）基于云计算的"世界大学城"云平台简介

"世界大学城"是一个以云计算技术为支撑的教育网络平台，融合了当今国内外最先进的信息技术，具有多个功能模块，只需注册一下，个人或单位即可应用这个功能强大的交互式网络平台。

"世界大学城"以云平台和云空间为构成元素，为每个机构建立一个资源共建共享型交互式教育学习网络服务平台，为每个人建立一个功能强大的终身学习空间。即为机构建设平台，为个人构建空间。目前，它已在湖南、山东、广东、浙江、北京、广西等地被广泛应用，游览学习用户最大并发量超过 5000 万。

（二）国内职业教育网络教学资源的现状分析

1. 教学资源建设中资金投入与实际效果有较大落差

传统的职业教育网络教学基本依靠本地硬件设备及应用程序来进行，因此，在资源建设时，职业院校会比较重视硬件建设，而忽视了资源的开发、共享与运用，信息技术并没有与教育教学真正深度融合。这样，往往资金投入巨大却收效甚微。

2.教学资源分布不均、共享程度低

我国不同的职业院校差异较大，一些示范院校有较多的资金投入，但一般的职业院校往往由于资金有限，面临着校园网络设施不健全、教育信息化资源配置不完善以及实践教学的软硬件少等方面的问题。而在各职业院校之间软硬件资源又不能实现整合与共享，因此，我国职业院校之间存在着严重的教学资源分布不均的现象。

3.教学资源不能满足教学多样性

职业教育是一种在目标、层次、形式、内容等方面都必须提供多种选择、满足多种学习和发展需要的教育，职业教育活动呈现出多样性和复杂性的特征。目前，职业教育教学资源的内容单一也是一个很严重的问题。许多教学资源库里提供的还只是课件和试题等传统的教学资料，其他形式的教学资源，如教学视频、教学软件、教学项目设计、学生作品等却很少见到。

4.教学资源建设忽视了学生群体

当前国内职业教育教学资源的主要建设主体是教育主管部门、学校或教师、专家、软件公司等。这里教学资源建设没有充分考虑需要用到资源的学生群体，学生一般是被动获取资源的。学生在学习过程中出现的问题、问题的归纳与总结等内容本来都应是教学资源库的重要组成部分，却往往被忽略了。

（三）基于云计算的职业教育教学资源建设的实践

湖南是职业教育大省，但不是职业教育强省。面对职业院校基础条件薄弱、优质教学资源不能共享、信息化建设进程缓慢的实际情况，湖南省教育厅采用"企业投资搭建平台，院校按需购买服务"的新模式，以最低的应用成本在最短的时间内，使湖南省职业教育教学资源得到了空前的增长。

1."应用主导"的模式，使职业教育教学资源建设成本低、见效快

湖南省的教育信息化建设过程中应用"企业是建设主体，学校是应用主体"的发展模式，极大地降低了资金的投入，学校的资金投入仅为传统建设模式的十分之一，达到了"方便用、用得起"的效果。湖南省是在2010年开始采用基于云计算的"世界大学城"的网络学习平台的。截至2012年，已建设机构平台190个、个人空间50余万个，发表文章1269万篇，教学视频78万个，其中技艺视频2万多个，师生互动近4500万人次，视频浏览数973万次，文章点击率1.9亿次。一批院校通过3G实景课堂解决了师生下现场难等问题，"专递课堂""名师课堂""网络课堂"等优质资源共享计划开始实施。同时，利

用网络空间，湖南省的人才培养工作水平评估、职业教育省级重点建设项目遴选和各类竞赛活动管理等工作也全部在网上进行。

2. 人人参与建设，职业教育教学资源更加丰富、多元、开放

"职教新干线"为师生在互联网上提供了一个功能强大的平台，只需注册一下，在掌握几个简单的技术基础上，个人或机构依托"职教新干线"即可个性化地自主创建精彩纷呈的个人空间或机构空间。

在这个平台上，教师可以依托自己的空间开展交互式、讨论式、探索式教学，进行个性化、多媒体教学资源建设，空间教学正在激发教师的创新激情；学生依托自己的空间进行主动性学习、个性化学习、订制化学习、社会化学习以及终身化学习。

师生依托各自的空间，借鉴或改进他人的资源，并将自己的创新成果上传到网络，建设各自的数字化资源。师生共建的资源呈现出多元化、多层次的特征。师生既是信息资源的使用者也是信息的加工者、创造者、发布者，在政府引导的机制下，当"上传成为一种习惯"时，资源的利用率和更新速度在极大地提高，从而教学资源在成倍增加，信息共享与创新形成了一个良性循环。"职教新干线"如同一块不断生长的"云"拥有了更多的智慧资源。

另外，职业教育教学资源也实现了作业流程情景再现。在"职教新干线"形式多样的教学视频中，相当一部分来自企业真实工作场景。那些安全要求较高、操作难度较大的视频使边远地区的学生也能看到现代企业的工作场景，并有助于许多在校内无法解决的教学问题的解决。

3. 课程体系的解构和重构，使教学资源的职业针对性更强

在"职教新干线"云平台上，湖南省的许多职业院校对职业教育教学资源的建设进行了大量卓有成效的探索。不少学校要求空间资源课程必须与工作相结合，解构工作任务、重构学习内容，让课程更具有针对性。例如，长沙民政职业技术学院作为2010年就开始试行"职教新干线"的高职院校，在职业教育教学资源建设中取得了令人瞩目的成果，主要做法：①要求每个教师深入行业企业调研，解构工作任务、重构学习内容，每一年建一门课程，建三年；②将传统的教学课件"打碎"，建设知识点的碎片化教学资源；③通过表格化教案，集成资源库的资源和互联网上的优质教学资源。2010—2012年，学院共建900余门空间资源课程，解构工作任务2万余个，网络教学资源由原来的8万个爆发式地增加到256万个，教学资源更新速度也有了极大的提高。通过这三年的探索和实践，长沙民政职业技术学院的空间教学走在了同类院校的前端。

4.云存储、实名制，使职业教育教学资源更加安全、监管更加方便

网络教学资源的安全，是教育信息化建设中最复杂也往往是最容易忽视的问题。而对于覆盖范围很广的网络平台来说，信息安全则是成败的关键。基于云计算的云存储将数据保护在云计算中心，由服务供应商提供专业的保护，用户不用担心数据丢失、损坏或被病毒感染。同时，"职教新干线"是非涉密的网络平台，根据个人有效身份信息派发个人电子身份证号，并按电子身份证号配发基于实名的个人学习空间，这样便于网络安全监管。实名管理，确保了院校平台、师生空间干干净净，可以有效应对垃圾信息泛滥、社会化网络管理难的问题，因此它被誉为"绿色空间，干净网络"。

湖南省职业教育的实践表明，职业教育教学资源建设的重点应是信息技术在教育教学活动中的广泛应用，是信息技术与教育教学活动的深度融合。集中式的云计算服务，可以大幅度降低学校、教师和学生的实际使用成本，提高资源的共享性。当今世界信息技术发展正呈加速趋势，借助"职教新干线"湖南省的师生共建共享了大量优质的职业教育教学资源。"职业新干线"具有投入少、见效快、参与面广、影响面大等特点，在教育信息化建设中起到了引领、示范作用。

第二节 物联网与职业教育

2017年9月，《教育部关于进一步推进职业教育信息化发展的指导意见》中指出，为深入贯彻落实《教育信息化"十三五"规划》，全面提升信息技术支撑和引领职业教育创新发展的能力，应将职业教育信息化提上日程。加快推进职业教育信息化的核心任务是要加快职业教育教学方式的创新以及教学资源的共建共享。而在现阶段智能化的普及、物联网技术的快速发展，加之无线网络的不断深化，如无线电技术、信息技术等融合到职业教育中将有效增强职业教育的信息化。除此之外，由物联网的定义可知，物联网使物与物相连接成为可能。利用物联网我们可获取职业院校现有的资源，通过将其整合，可最终实现职业教育教学模式的创新、教育资源的共建共享、教育管理平台的建立、师生信息素养的加强、网络信息安全的保障。

一、物联网的特点及其在职业教育中的应用优势

物联网是信息技术领域的最新研究成果，通俗来说就是物与物相连的网络，其本质没有离开互联网。物联网最重要的作用是进行信息交换和通信，它是推

动社会信息化的重要工具，也是推动职业教育发展的重要方式。

（一）物联网的特点及以物联网为基础理论的教学的特点

物联网技术的三大特点，即全面感知、可靠传输、智能处理，这些特点在物联网应用方面尤为突出，精确概括物联网是信息时代发展的基础。下面以物联网的特点为基础理论来分析职业教育的教学特点。

1. 全面感知，教学内涵更加全面

物联网是为实现物与物智能相连而提出的，全面感知是其核心特点，通过全面感知能够实现物理世界下的各种介质所带信息的交互。而职业教育的重点是培养学生的实践能力，在此培养计划下，信息必定是其最重要的资源，若能实现实践与技能培养所需信息的交互感知，将有利于职业教育的信息化发展。

2. 可靠传输，教学信息获取更加精准

信息的交互过程中必定会出现丢失、安全方面的问题，物联网技术下的可靠的网络协议以及安全的防护方法，能够保证信息的精准输送。在教育教学中，教学资源的获取将是教学过程中至关重要的一个环节。各高校的教学资源共建共享实现的前提就是要保证获取过程中资源信息的可靠性、安全性。

3. 智能处理，教育教学更加智能化、信息化

数据挖掘、信息获取、智能处理这一过程是信息化实现的基本流程，而物联网能够将智能处理发挥出最高的水平。在课堂教学中，教师不仅需要通过相关技术获取信息，还要对获取的信息进行快速、智能化的处理，这必将提升课堂教学的效率。在课外小组学习中，运用物联网的相关技术，能够加深小组讨论的深度，提高小组讨论的效率，促进小组成员学习能力的提升。在实验室里，可以通过物联网来实现实验数据的获取以及智能设备的操作，从根本上提升实验的进度，进而提高学生的实践能力，这充分体现出职业教育培养的方向。

（二）物联网在职业教育中的应用优势

2015年，智慧教育信息化峰会中，中国区负责人王东华先生指出："我们往往会在短期内高估技术带来的变化，而在长期内低估技术带来的变化。"在今天物联网产业化的不断发展中，诸多物联网相关方案开始慢慢向教育领域渗透。随着相关技术的发展，一些新型的教育模式产生，如微课、手机课堂等。无线技术、电子技术、信息技术三大技术的支撑将有助于职业教育的发展。将三大技术具体应用到职业教育中将改变职业教育的传统教学模式。传统教学是被动式的教学，教学方式固定，教育资源获取困难。数据驱动的物联网技术的

不断创新，将打破这种传统教学模式，使传统教学由被动式变为主动式，这样有助于学习者主动获取教育教学资源。同时，智慧教育信息化峰会提出了精准化的教育，强调个性化、精细化、信息化的精准融合。物联网应用在职业院校中，将缩小区域间的发展差距，加快实现职业教育信息化建设的智能化、均衡化、个性化。

二、物联网对职业教育教学的影响

（一）对教育教学模式的影响

教育教学的核心为教师传达信息于学生，而当今信息技术不断发展，传统教学模式已经不能适应当代教育。职业教育强调专业知识过硬、因材施教，以往的教学模式是一种教师面授传达信息给学生的陈旧教学方式，而突破这种方式是职业教育乃至教育学领域亟待解决的问题。

1. 传统教学模式的改变

职业教育传统教学模式多为教师面授、学生受教。随着信息时代的到来，职业教育更加强调职业技术的培养，不单要求掌握课堂上的知识，教师更需要根据社会需要，因材施教。教师在课堂上应多以信息资源、信息技术来指导学生学习。物联网智慧化特点突出，在传统教学的基础上融合物联网，将提升职业教育的整体教育水平。职业院校也可将教室中的课桌换成智能实验操作机，教师讲到某个实验理论时，可通过物联网相关技术连接到虚拟实验室，学生可在虚拟实验室里进行相关实验操作，这样就实现了教学理论和实践的有效结合，提高了职业教育教学中专业知识的运用。

2. 信息化课程体系的建立

教育教学里多是以课程教学为主的，因此课程体系的建立将决定教育方向的确定。在设计课程体系时，可利用物联网及其相关技术制定信息突出的体系结构。职业教育背景下，教育更加注重学生对专业技术的掌握。在教学目标设计之初，多采用由技术来指导教学，由教学实现技术这一方式。

3. 学习者主观能动性的提升

物联网的建设下，学生将从教师面授的被动接受角色转变为主动搜集信息的角色。教师与学生的交流更加方便，在课堂上，教师不再只通过面授的方式进行教学，智慧教学将成为可能。学生可通过物联网实现所需数据的获取，再配合相关智能设备，可实现在图书馆、宿舍、学习室等场所随时随地的学习。

（二）对教育资源共建共享及师生信息素养的影响

职业教育教学中多采用封闭式资源共享，而这种封闭式资源共享尚存缺陷。以高校图书馆为例说明何为封闭式资源共享，各个高校图书馆只对本校的师生开放，由于研究水平、研究领域的局限性等，高校图书馆的资源随之确定，如医学类高校的主要研究领域为医学，图书馆存放的是大量的医学相关的图书，而财经类高校的主要研究领域为金融、经济，图书馆存放的是大量的财经类相关图书。而社会需要的是掌握多方面知识的人才，所以高校图书馆不应采用封闭式共享方式，而应在物联网技术、信息技术背景下建立一种基于数字共享平台的开放式资源共享模式，以提升区域内数字化的资源共享水平。

（三）对教育管理平台的影响

以往的职业院校中各个教学部门互相独立使得彼此之间的资源获取十分困难。物联网的利用可以整合各个部门，进而实现统一管理。由物联网及其相关技术建立统一管理平台后，部门相关人员获取相关资源将区域简单化，管理平台可支持发布相关信息，以增强学生获取相关社会资源的及时性。管理系统后台可由"云数据库"来支撑，采用云技术来建立数据库，将是未来信息技术发展的方向，最主要的是因为"云数据库"拥有一整套管理机制，并且有存储空间大、处理速度快等优点。

（四）对网络信息安全的影响

物联网拥有一套完整的、灵活的、安全的架构，这为教育信息安全保障提供了良好的支撑。物联网的安全通信体系与职业教育的教学体系的结合，将推动职业教育的信息化持续健康发展，也给职业教育提供了可控、可查的安全体系环境。

三、职业教育中的物联网技术教育实践——以修平科技大学物联网技术教育实践为例

笔者通过对修平科技大学的物联网课程开发和物联网课程教学的学习和总结，提出了以运用项目导向的课程为载体，融合物联网相关技术和知识，重在培养学生创意、创新能力的教学模式。旨在使学生理解物联网的概念，掌握物联网开发的相关技术和方法，具备物联网相关的基本知识和技能。

（一）修平科技大学的物联网课程开设情况

修平科技大学主要是针对不同的就业岗位开发课程的。在电子工程系、资

讯管理系、电机工程系针对咨询设备工程人员、电子应用工程人员、系统应用工程人员、咨询管理师、企业资源规划与软件设计人员、软件程序设计人员等岗位开设了感测基本原理与应用、感测与制动元件、物联网概论、物联网核心技术、嵌入式操作系统与应用、物件导向程序设计、无线传感器网络、物联网应用与服务、感测与物联网专题实务等课程。

修平科技大学开设物联网课程的思路就是构建一个入门简单的平台，让有不同基础的人都有机会进入这个领域。不同的应用决定了需要学习的知识和侧重点不同。

修平科技大学的研究发展处致力于适合职业教育的物联网教学平台的开发和实验室的建设。目的是搭建一套适合不同教学对象的通用教学平台，降低物联网教学、科研的门槛，让更多的人能够有机会参与进来。修平科技大学目前教学使用的平台是嵌入式单晶片教学实验平台，它也是一套无线感测开发套件。主要包括下载器、射频识别读卡器、传感器模组、LED 调光模组、全彩 LED 调光模组、马达控制模组、红外接收模组等。

（二）修平科技大学物联网教学设计

物联网相关课程涉及的内容较多，通过知识的整合可以发现主要包括感测基本原理与应用、感测与制动元件、无线传感器网络、射频识别技术、嵌入式操作系统与应用、无线通信技术、物件导向程序设计、基于移动终端的 APP 开发等。

针对这些技术，基于简单易学设计思想，修平科技大学的教师开发了嵌入式单晶片教学实验平台。该平台的设计主要包括传感器与控制模组的设计、无线传感器节点的设计、网关的设计、网关与移动终端的接口的设计等。

传感器与控制模组包括温度传感器模组、光照度传感器模组、倾斜震动模组、温湿度传感器模组、三轴位移加速度模组、LED 调光模组、全彩 LED 调光模组、马达控制模组、红外接收模组等，使用的总线方式包括单总线、SPI 总线等。

（三）修平科技大学的物联网教育引发的思考

1. 物联网教学的课程设置

整体方向上看，职业院校的专业建设和教学改革，要满足社会发展的需要；在落地层面，我们必须追溯到物联网行业企业具体的岗位需求。物联网专业的毕业生可在各类物联网相关企业从事物联网设备设计和制造、系统集成和实施、系统运行和维护、物联网产品售前和售后等岗位的工作。针对学生以后的工作内容我们可以确定出物联网教学的核心课程是物联网技术概论、传感器技术与应用、嵌入式技术及应用、物联网应用软件技术、射频识别技术与应用、无线组网技术与实践、物联网工程技术及实训。

在课程大纲编撰和人才培养方案制订方面，我们可以根据地区产业发展情况和本校的师资、学生特点做有针对性的调整和设计，让每一个物联网学习者都可以找到适合自己的方法。

2. 物联网教学理念

①项目导向的课程设计理念。这里的项目一定是实际的物联网项目，即物联网实践类的专业都采用项目导向的课程。这个项目可能不是一个复杂的实际应用项目，但一定是一个可以体现物联网系统特点的应用项目。

物联网专业本身就是一个多方面的交叉专业。在物联网专业中学习到的电子技术、嵌入式技术、通信技术、网络技术、软件技术都是要为物联网应用服务的。例如，讲授传感器技术，就一定要讲某些传感的原理以及其在物联网系统中的应用。否则只介绍传感器的原理而不讲它在物联网系统中是如何应用的，那么，学生就很难跨越学以致用的环节，他们学到的知识就是孤立的、割裂的。因此，教师在物联网教学中要做到理论与实践结合，尤其是实践类的课程要提供一个或多个物联网应用项目来给学生呈现本课程在整个物联网系统中所处的位置。

②适度、实用的理念。高职学生的基础决定了高职教学不能追求技术最新、最难，反而是适度、实用，教学内容能够被学生所接受。

第三节　大数据与职业教育

随着时代的发展，信息化技术发展迅速，职业教育进入大数据时代。在大数据时代的影响下，现代职业教育已与互联网息息相关，教育技术的发展与教育内容的编辑等都是由大数据来体现的，它为教育发展指明方向。在大数据时代背景下，职业教育的发展前景更加鲜明。面对职业教育现在的境况，我们必须把大数据的相关技术应用到职业教育发展中，并对职业教育的发展进行规划，以促进职业教育的发展，进而促进职业学生的全面发展。

新一代信息技术对职业教育的革新

一、大数据概念

大数据是新时代发展的产物,是职业教育发展理念的宏观体现,从内容上来看,大数据包括了数据库建设、数据库管理、学生学习环境管理,以及教育理念培养、教育政策治理等方面内容,进而形成"一个智慧平台、两个数据库、三项支撑技术、四类参与主体、五种服务功能"的大数据应用平台。大数据伴随着现代化职业教育的发展,从更深层次上改变了当前职业教育的教育理念。

二、大数据时代职业教育的发展

进入信息化互联网数据时代,为能够更好地顺应职业教育的发展方向,职业院校应该转变教育理念,完善网络信息系统,改变教学方式,促进教育方式的转型和升级,给学生提供实践的机会,培养学生的动手操作能力,确保职业教育能够在大数据时代下取得良好的发展。

①积极转化大数据时代背景下的职业教育理念。大数据时代的到来对职业教育产生了巨大的影响,在这样的教育背景下,转变教育理念,充分利用大数据的有利条件,改善学生的就业情况。目前,许多国家,已经能够充分利用大数据的优势,综合地评价学生的信息,合理地规划职业院校学生的发展方向。我国也应该紧跟时代发展的步伐,利用大数据信息库对学生的资源进行整合,采用科学化的方式推动职业教育的有效改革,以数据的形式记录学生的学习状况,为今后学生的就业提供帮助。

②建立起与大数据时代相适应的信息系统。随着互联网的快速发展,商业的发展模式也发生了变化,为职业教育带来了发展机遇。为了迎合人才需求,职业教育的发展也要伴随着互联网的发展,建立起职业教育保障信息平台。通过这种方式,公开职业教育的信息,为学生的就业提供一个方向。随着时代的发展,调整大数据信息平台,提升职业教育的质量和水平。

③加强职业教育质量标准的科学化。由于当前职业教育的学生生源不同,学生的基础水平不同,所以,职业教育的教学标准偏低,进而无法评价职业教育的教学质量,最终影响了职业教育的教学质量。新时代的互联网背景下,科学地提高职业教育的质量,必然要结合大数据这一时代背景。首先,各职业院校要结合大数据库调整质量考核的标准,同时根据各院校的现有教育系统,改进质量评估标准。其次,借助大数据库,分析和评价质量评估系统,力求培养社会发展所需的人才。最后,由任课教师客观分析质量标准,指出其中存在的

问题并及时改进。

④资源协同共享共建。互联网大数据为职业学生的学习和发展提供了便利条件。职业院校的发展离不开数据库的建设，建立完善的数据库可为学生提供学习参考，让学生共享学习资源。新型的大数据教学平台，可以整合职业教育课程，加快信息的流通，实现教师与学生、学校与学校、学校与企业之间的信息共享。

综上所述，大数据时代下的职业教育发展，需要教师密切关注学生的基本情况，针对现在的教育情况，提出有效的教育改革对策。在互联网大数据的优势下，整合职业院校学生的基本信息，对学生的就业具有积极的指导作用。

三、基于大数据的职业教育智慧校园的构建

目前，"互联网+"正在深刻影响着社会的各个领域和人们的生活方式。作为向各行各业输送人才的教育行业，职业院校在这个革命性技术浪潮中不但应该是参与者，而且应该是引领者。一所传统的大学如何适应社会数据化的变革？如何培养出具有信息素养的创新型人才？如何让学生从这些革命性新技术中受益？在对这些问题的思索和探讨中，"智慧校园"的轮廓逐渐成形，一些高校和行业也开始对其进行初步的探索。在这里，将围绕着"智慧校园是什么""为什么要建""建设的愿景是什么"几个问题展开。

（一）职业教育智慧校园建设需求

智慧校园综合运用智能感知、物联网、移动互联网、云计算、大数据、社交网络、虚拟现实等新一代信息技术，感知校园物理环境，识别师生群体的学习、工作情景和个体特征，将学校物理空间和信息空间有机衔接，为师生建立智能开放的教育教学环境和便利舒适的工作生活环境，提供以人为本的个性化创新服务。

1. 职业教育智慧校园的核心特征

一是无处不在的互联网。通过有线接入、手机运营商，移动互联网覆盖了校园的每一个角落，支持一切智慧校园的软硬件设备，这样信息可以快速实时传输。这是协作学习的新模式，也是协作工作的基础。

二是对环境的整体感知。一个人一天的消费轨迹，通过无处不在的传感器网络和不同的系统平台能够获得。

三是智能数据处理。依托学校的核心数据、结构化数据和非结构化数据的提取、转换和存储基础设施，智慧校园将建立数据分析方法科学、实用的数据

挖掘模型,通过智能推理、快速反应为决策者、教育工作者和学生提供智能服务。

2. 智慧校园是国家教育信息化发展的战略方向

从国家层面对教育信息化的定位来看,无边界的信息化学习环境、无缝的网络互连覆盖、信息技术的充分利用与智慧校园的理念充分契合,教育信息化必然发展到智慧校园阶段;从国家总体教育信息化发展来看,从2010年左右开始,其经历了基础建设、应用整合、融合创新三个阶段(见图6-1)。

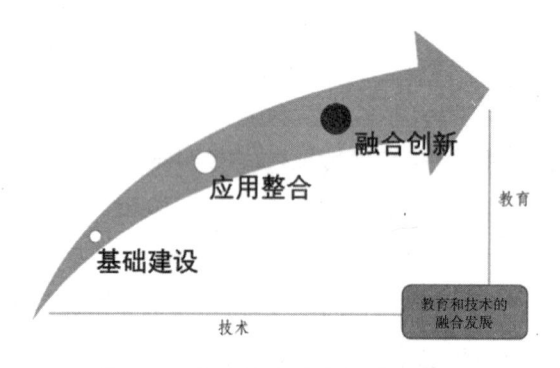

图6-1 我国教育信息化发展阶段

3. 智慧校园是职业教育核心竞争力的重要支撑

要提高核心竞争力,就必须不断提升办学质量,这已经成为高校管理者的共识,正越来越受到重视。智慧校园不再单纯的是一种教育技术手段,而变成了观察高校办学质量的镜子、彰显高校办学质量的窗口和提升高校办学质量的杠杆。通过智慧校园这面镜子,学校可以基于大数据准确、实时地监测内部教学状态,再与教育部门要求指标和其他竞争院校进行横向对比,从而了解自己的真实办学水平;通过智慧校园这个窗口,学校可以向主管部门、社会各界公布办学质量数据报告,将优质的教育资源和先进的大学文化延伸到社区,打造开放共融的生态圈;通过智慧校园这个杠杆,学校可以开展常态化的内部质量诊断和改进活动,形成"目标制定—预警诊断—评价改进"的闭环,形成过程与结果并重、效果可持续的质量保障体系。

(二)职业教育智慧校园的建设目标

这里将立足智慧校园建设的现状,对智慧校园建设给出具体的、切实可行的建议。

分阶段开展的智慧校园的基础设施、数据资源、智慧应用、法规标准的建设,为学校的人才培养、校园管理和公众服务提供了强有力的智能支撑。在现阶段,我们主要依托大数据和移动互联技术，开展"1+3"的智慧校园建设。

"1+3"中的"1"就是"智慧校园基础支撑平台"的建设，主要实现学校各应用系统、各智能终端数据的集中接入，打破学校现阶段数据孤岛、应用孤岛的现状。我们可以通过建立数据资源治理、管理、挖掘、可视化的规则，从各个维度、各个层面，对数据进行深度挖掘和快速处理，这为教师、决策者、科研人员利用数据进行教学、管理、研究提供了有效手段，为学生形成数据文化营造了有利环境，为丰富多样的智慧应用提供了不可或缺的支撑。

"1+3"中的"3"就是"精准化决策平台""师生精准化服务平台"和"内部质量诊断和改进平台"的建设。我们从不同的方向为学校构造智慧应用提供了实践平台。"精准化决策平台"面向学校的决策者和管理人员，旨在通过精准画像、多维度数据分析、教学质量动态监控、专题分析等应用，使决策更高效、精准，管理更具针对性、时效性；"师生精准化服务平台"面向学生、教师群体，主要以移动端为互联介质，为学生提供目标管理、掌上迎新、智慧课堂、社团活动等一系列轻应用，通过线上线下的有机结合，构建起了智慧学习、智慧生活、智慧创新的场景和环境，为教师提供交互式的教学平台、协作式的科研平台、指标式的目标管理平台和预警式的管理平台，使教师在个人职业发展、教书育人活动、科研学术活动中获得精准的服务和帮助；"内部质量诊断和改进平台"是为支撑高职院校建立常态化自主保障人才培养质量机制，针对学校普遍存在的"目标难落地，数据难搜集，决策缺依据"等问题，综合运用大数据、移动互联、云计算等新技术，基于校本人才培养数据库，而建设的集计划、测量、监控、预警、评价、发布于一体的现代信息技术平台，其保证了"五纵五横"体系的可持续发展，为提高人才培养质量提供支撑（见图6-2）。

图6-2 "1+3"智慧校园建设体系

通过现阶段"1+3"的智慧校园建设,基本形成了学校产生数据、数据生成智慧,最后智慧服务学校师生的闭循环。无论是基础支撑平台还是三类精准化平台,它们都具备开放性的特征,支持校内校外的授权用户把自己"生产"的数据和应用在平台上共享,为其他用户提供创新服务,形成人人想创新的校园文化,同时它们也为智慧校园的深入发展奠定了坚实的平台基础。

(三)职业教育智慧校园展望

智慧校园不是一个硬件或软件系统,也不是多个系统的简单堆砌。我们认为,智慧校园是一种虚拟和现实相结合的移动互联的"环境",学生、教师、行政人员、决策者、设备都在这个移动互联的环境中,通过"信息"这个媒介互相联系起来。这个"环境"具有感知能力和智能特点,为各类主体在恰当的时间、恰当的地点、以恰当的方式提供最需要的信息。接下来我们简单描绘了"智慧校园"环境中教学、管理、生活服务、社会服务的形态。

1. 职业教育智慧校园构建的教学环境

①智慧校园的学习形态。翻转课堂、慕课等新型教学方式被广泛使用,有效调动了学生的学习兴趣,使得互动式学习成为主流方式;以"线上课程中心"为核心的智能化学习平台,满足了学生个性化学习、碎片化学习、移动化学习的需要;利用虚拟化等技术手段,学习者可以通过"个人学习空间"与专家进行跨时空的对话。

②智慧校园的课堂形态。相当一部分教室的空间布局更像创客空间,创客课程进入课堂,学生可以体验自主学习的快乐;利用网络在教室内可以及时获取学习资料,以及进行跨空间的讨论;改善学生课堂学习体验,学生成为课堂的主导者,教师成为课程的设计者和学习的辅导者。

③智慧校园的教学形态。教师利用智能分析工具感知每个学生的需求,为不同的课堂和学生群体设计不同的教学方案,开展个性化教学;智能教学辅助系统根据每个学生的学习基础和学习习惯,个性化规划学习方案,主动推介学习信息,及时提示学习节点、反馈学习效果评价。

④智慧校园的作业形态。合作学习和小组作业将取代习题成为学习的主要方式,学习功能和生活功能相融合的宿舍环境被建立;在线学习社区将取代教师答疑,学生在学习中遇到问题时可以同时得到教师、同学以及其他更多人的帮助。

2. 职业教育智慧校园构建的管理环境

①智慧校园的行政决策形态。决策者通过学校运行状态动态感知系统，实时掌握学校学科建设、教学科研、人力资源、资产财务、对外合作交流等核心工作的状态和宏观变化趋势，以支撑科学决策；学校建立关键事项和关键部位的实时检测预警机制，实现全局监控和紧急事项的快速响应和应急处理。

②智慧校园的行政服务形态。学校形成综合服务体系，实现一网通、一证验（统一身份认证，各类应用系统统一权限）、一表集（自动集成师生信息，减少信息重复填报）、一体化（移动应用、万维网应用一体化）和一门清（线上统一门户）。

3. 职业教育智慧校园构建的生活服务环境

①智慧校园的校园生活形态。校园生活信息的实时查询，如图书馆、自习教室、食堂、体育场馆等校园公共场地的当前使用情况和人群密度；校园生活在线互动服务，包括办事流程实时咨询、活动场地在线预订等；校园生活信息的定向推送，如个性化信息的分类推送等。

②智慧校园的后勤服务形态。校园食品安全智能管理，从采供源头对价格进行控制，通过食品溯源、加工过程检查等把控食品安全；校园交通智能实时查询，使师生候车前便能对校园巴士所处位置及所需等待时间等信息有直观了解；校园低碳生活引导系统，构建学生校园生活碳足迹，实现个性化节能建议推送，培养学生低碳环保的校园生活习惯。

4. 职业教育智慧校园构建的社会服务环境

①智慧校园的校友服务形态。通过大数据平台建立校友与校友、校友与母校之间更紧密的联系，形成所有人交流、合作、互助的各类学术圈、行业圈、兴趣圈等，为校友事业发展提供长期支持；通过校友服务平台，校友能够享受智慧校园便利的校园生活服务，参与校园活动，这增强了校友的归属感和凝聚力；通过对不同年龄、不同行业和不同成就的校友群体进行分析，形成校友发展报告，为学校人才培养提供参考。

②智慧校园的社会服务形态。建立开放共享的校区—社会信息资源，为社区居民提供"资源菜单"，将优质的教育资源和先进的大学文化延伸到社区，打造"没有围墙的大学"；建立知识库和智能专家系统，为社会公众提供权威的智力支持，如法律事务自助服务、医疗健康咨询服务。

③智慧校园的校企互动形态。建立大学与企业智能化实验设备的资源共享平台，促进协同创新和科研成果转化；学校主动感知企业需求，实现学校与企

业之间的双向智力流动和无障碍的信息互通，与企业形成更加紧密的合作关系。

随着智慧校园的深入发展，其发挥作用的场景远远超过了上述的范畴。智慧校园，尤其是数据宝库所带来的变革力量我们现在还难以窥探，其需要我们在实践中不断地发掘。

第四节 虚拟现实与职业教育

在职业教育中应用虚拟现实技术，可为学生构建逼真的教学情境，使学生在虚拟状态下学习和实践，并可引导学生进行创新与思考，从而改善当前职业教育现状。因此，我们应加强虚拟教学平台的建设，并建立与之相对应的课程体系，以提升虚拟教学的质量。

一、虚拟现实技术概述

虚拟现实技术是计算机技术发展到一定程度而衍生出的一种具有强大三维成像能力的综合性的计算机技术。这种技术出现于20世纪末，20世纪90年代，计算机技术进入了飞速发展的阶段，计算机图形处理技术、数据处理技术以及多媒体技术应运而生，使得虚拟现实技术的发展变为现实。

虚拟现实技术是以计算机图形成像技术、传感技术、人体工程学、人机交互技术等为基础的综合性技术。虚拟现实技术就是通过计算机图形成像技术创建出虚拟的三维空间造型，或者将真实的环境或者实物通过计算机图形成像技术绘制于计算机中，然后再由图像显像设备、力反馈传感设备和声音输出设备将所创建的三维空间造型或者真实环境显示在特定区域，从而使人在视觉、听觉以及触觉上产生一种身临其境的感觉，并且虚拟现实技术还可以通过人机交互技术完成人与虚拟环境的交流。

二、虚拟现实技术特点

虚拟现实技术是建立在计算机图形成像技术、传感技术、人体工程学、人机交互技术等之上的一门技术，即虚拟现实技术融合了以上学科或技术的基本特点，它包括以下几个方面：

①真实的沉浸感。虚拟现实技术通过计算机图形成像技术将真实的环境绘制在计算机中，利用计算机的强大的数据处理能力完成真实环境的三维点的计算，然后再通过多重输出设备将计算机中的"真实环境"输出，让人感觉自己就像是身处于"真实环境"中。并且随着计算机的运算能力的不断加强，计算

机所处理的"真实环境"越来越逼真。

②感官的多样性。输出设备由力反馈传感设备、声音输出设备以及成像显像设备组成，使"真实环境"在视觉、听觉以及触觉层面上向人们展现出来，再加上由计算机控制，这几种感觉在时间以及空间上做到了协调一致，使人们在感知的世界里没有时差以及空间差。

③人机交互性。融入了人机交互技术之后，人们可以通过触摸或者声控模式对所处的"真实环境"进行控制，变换环境的位置、角度以及对其进行时间和空间上的移动。并且这种交互技术已经摆脱了计算机的鼠标或者键盘的控制，它可以结合人们的说话声音的采集、空间触摸的方式以及力反馈的模式对计算机进行控制，完成人机交互的过程。

三、虚拟现实技术应用

目前，虚拟现实技术应用已非常广泛，结合虚拟现实技术的特点，它一般运用于军事、医学、工业制造、娱乐与商业等方面。

①军事方面。虚拟现实技术在军事方面广泛应用于新式武器的研发、高尖端科技试验以及军事指挥和技术培训。由于虚拟现实技术具有多重特点，因此引入虚拟现实技术缩短了军事领域武器开发的周期以及降低了研究成本，同时降低了军事当中人员的伤亡概率。

②医学方面。虚拟现实技术在医学方面一般运用在复杂手术研究会诊以及医学教学上，可在不危害人体以及动物体的前提下，最大限度地还原以及复制机体病变组织。并且通过远程网络技术，不在同一空间的医学专家也可进入虚拟环境里对复杂手术进行探讨与规划，从而避免了因医生离患者较远而错过了抢救时间，同时也拉进了世界各地专家的距离。

③工业制造方面。计算机辅助设计、计算机辅助分析、计算机辅助制造的出现，使虚拟现实技术在工业制造方面的应用更加完善。它可以辅助设计师和工程师对产品进行设计以及制造，这里包括虚拟设计与分析、虚拟制造与装配，设计师或工程师可及时发现设计过程中的不足并进行改正，这样既缩短了生产周期，也减少了资源与能量的损耗，如美国福特汽车公司利用虚拟现实技术对轿车内部进行设计，从而降低了汽车的生产成本。

④娱乐与商业方面。21世纪初3D电影的出现改变了人们对电影的要求。最早人们一直追求着电视、电影的清晰度，可是虚拟现实技术的出现让人们有了新的感觉——真实感。现在各个商业电影都在追求3D以及4D效果，这就增加了虚拟现实技术的商业价值。

四、将虚拟现实技术引入中职教育课堂的设想

早在 2003 年，武汉大学、中国地质大学、浙江大学联合承担，南京师范大学、解放军信息工程大学、中国科学院遥感应用研究所、东北大学、中国测绘科学研究院等单位协作，经过两年多的攻关，他们组建了国家级重点虚拟现实实验室。这个项目的创建实现了将虚拟现实技术理论变为实践并且运用在教育过程的目的，改变了传统教育理论中学生依托教师、学习环境、学习氛围以及校园文化的现状，构建起新型的学校教学环境。

根据职业教育教学过程中出现的问题，打破职业教育中的教学困境，引入虚拟现实技术将会是很好的手段。虚拟现实技术就是一门利器，其自身具有的优势将会改变职业教育课堂环境，会为职业教育带来新特性。

①课堂情景化。职业教育本身是为了培养学生的综合职业能力，其培养过程是通过情景化来实现的，一般这一过程都是通过职业教育中的工程实训来完成的。虚拟现实技术利用多重手段将这一过程转移至课堂当中，改变了传统的单边讲授模式。

②交互智能化。职业教育的本质在于培养学生的实践能力，这要求教学过程应设置有学生实践动手环节。虚拟现实技术将这一培养要求实现于课堂之中，课堂互动过程能让学生在视觉、听觉和触觉上去感知实践过程，能让学生身临其境地感受理论知识的氛围，这有助于学生在大脑中建立理论模型，更深层次地完成理论与实践的结合。

③职业教学趣味化。虚拟现实技术本身就具有环境的真实化、操作的多样化、技术的先进化等特点。学习的趣味化是现代职业教育工作者追求课堂生动的重要手法，更是职业教育中教学的特色。趣味化的实质就是要求学生积极参与以及更快融入课堂，虚拟现实技术通过情景模式将教师以及学生拉入"真实环境"中，避免学生受到外界因素的干扰，增加了学生在学习过程中的趣味性。

④职业教学专业化。虚拟现实技术可避免教师以及学生在教学过程中出现与学习无关的问题。从开始上课到下课，教师与学生一直身处在课程要求的理论知识环境中，实现了职业教学的专业化。

五、职业教育中虚拟现实技术的运用

（一）职业院校课程体系改革

当前社会背景下，传统的课程及教学模式无法满足现代社会及学生的需求，因此，高校应着手于课程体系的改革，推进虚拟现实技术于职业教育中的灵活

应用，从而为学生营造更为开放、和谐、高效的教育环境，这对学生学习与实践有较大影响。其一，职业院校应充分结合自身实际情况，将虚拟现实技术引入课堂教学及实践应用之中，并通过构建课程体系彻底改善当前教学现状，使学生在虚拟现实中获得知识与经验。其二，鉴于虚拟现实技术对教师的能力要求较高，职业院校应加强教师队伍培养，通过教育培训形式促使教师掌握虚拟现实技术，使其能够在教学中解答学生的相关问题。其三，职业院校可积极与企业取得联系，将虚拟教学应用于实践教学之中，并邀请企业相关技术人员前来指导，利用虚拟现实技术为学生营造未来工作情境，使学生具备一定的工作经验。

（二）职业院校虚拟教学平台开发

首先，职业院校应实施课程调研，充分了解职业院校专业及课程安排情况，并对教师教学水平及虚拟现实技术水平加以评估，为建立虚拟教学平台做好准备。另外，职业院校可依照教师所承担的课程情况进行分类，使他们组成若干小组，在小组中他们共同探讨各个专业所需的教学情境，并附带详细的介绍，职业院校根据教师小组的谈论结果制作虚拟教学平台。

其次，在开发虚拟教学平台过程中，我们应充分体现出虚拟教学的开放性，采用模块化方式搭建整体平台框架，每一框架均为一个学科的虚拟教学系统，采用统一结构与接口，这样便于未来的管理与升级。同时，该平台必须具备简单的自定义功能，在未来使用过程中教师能够根据自身需要进行调节与改良，为学生带来更为真实的虚拟学习体验。职业院校需提高虚拟教学平台安全防护能力，采用密钥、防火墙等来保证虚拟教学平台的安全性，防止网络病毒对虚拟教学平台造成影响。

最后，职业院校应建立学生评价标准，由于虚拟现实技术十分复杂，学生在虚拟环境中的学习情况，教师很难采用传统方式进行评价，因此，在平台之中应建立相应的评价标准体系。虚拟教学平台自动识别学生的操作情况，并对其进行评价，这样既能提升评价的合理性与准确性，也能降低教师的工作量，从而保障职业教育虚拟现实技术的应用效果。

（三）职业院校虚拟实践教学

虚拟现实技术应用于职业院校实践教学之中，具有实际操作效果好、学生积极性强、提升教学水平的优势，但是，教师不能完全依赖虚拟现实技术进行实践教学，否则会对学生动手能力与实践操作造成一定的影响。一般而言，适用虚拟操作的实践教学主要包含如下几种。其一，用于课堂实践操作难以完成的教学内容。职业院校部分专业教学内容具有一定的危险性，课堂教学无法进行实践，此类课程尤其适用于虚拟教学，虚拟教学不仅能够避免专业实践教学的危险性，也能够帮助学生真实地感受实践场景。其二，采用虚拟现实技术构建教学情境。通过虚拟现实技术将学生未来的工作场景充分模拟出来，为学生营造逼真的学习情境，在这一情境中，学生可以进行实践操作。这种虚拟场景与现实操作相结合的方式目前受到众多教师青睐，这一模式可以弥补传统实践教学的不足，提升实践教学的质量。其三，虚拟现实技术用于实践教学前的演练。这一方式指在正式实践操作前，教师先通过虚拟现实技术让学生进行演练，学生充分练习后再进入实践操作阶段。这一形式可提升学生实践操作的成功率，同时也避免了学生因准备不到位而出现危险的问题。

第五节　人工智能与职业教育

随着人工智能时代的到来，我国职业教育发展面临一系列新的机遇和挑战。在社会发展新态势、职业教育信息化生态建构、技术与政策的双轮驱动等多重因素影响下，我国职业教育亟待加强与人工智能技术的深度融合。在人工智能时代下，传统的职业教育体系与结构发生了深刻变化，强化对受教育者的"软素质"培育、个性化教育以及实现教育资源的均衡配置将成为现代职业教育人才培养目标的新态势。围绕人工智能的发展方向，职业院校应当从构建人工智能生态系统、搭建智慧化教学与管理体系、加强受教育者的人工智能素养培育等方面着手，推动人工智能与职业教育深度融合。

一、人工智能的应用前景

在我国当代职业教育发展过程中，学校教育应与工作需要相互结合。学生从学校到工作场所如何做到顺利过渡？学校需要改变课程结构以更高程度地反映工作情况，从而提高学生在工作场合的适应度。职业学校的课程和教学实践需要强调交流形式的多样化，不管是语言上还是非语言上的，职业教育必须保证每一位职业学校毕业生具有在大学和全球性竞争的工作场所取得成功所需的技能。人工智能技术能够广泛参与学生的课前评估、课堂学习、课下评估、作业布置等环节，教师利用人工智能技术实施可界定、可评估、可传授的多元化教学，能够使全体学生得到发展和进步。专家认为，人工智能技术的出现必然会促进教育事业的变革和发展，其为教育领域和产业领域的全面融合带来了很大的推动力。专家还指出，我国在教育信息化方面，正在积极地促进人工智能技术在"教与学"、教育管理、教育服务等方面的广泛运用。人工智能技术能够促进人才培养方式的不断变革，加强教学模式的全面创新，推动教育治理水平的不断提高。人工智能的出现为教育、医疗、工业、金融等领域的发展带来了深刻的影响。例如，在教育领域，人工智能能够促进教育方式、教学思维的变革和创新。人工智能时代下的教育工作需要更注重培养及提高学生的学习能力、决策能力和适应能力。有研究者认为，今后的社会必将大量使用不同类型的智能机器产品，家政、会计、客服、记者、翻译等将会逐步被人工机器人所取代。

新时代我们的人才培养面临着许多挑战和机遇，如数字化、网络化、人工智能、大数据对知识的获取的重大影响。有学者认为，进入大数据时代以后，在教育的过程中，我们必须运用大数据，通过数据分析、数据驱动的方式找出问题之间的关联性、逻辑性，并通过因果论来改变传统的思维方式。面对这样一个历史性的挑战和机遇，这样一个大变革的时代，我们要思考未来的教育改革应怎样将人工智能应用其中。

人工智能在职业教育方面一直有一套清晰的逻辑，从21世纪初教育资源的数字化、网络化，到现在更多地把人工智能、大数据这些技术，如人脸识别、图像识别、语音处理、知识图谱等应用到教育的管理或者服务当中，知识获取的效率、质量、精准度在逐渐提升。目前职业教育正朝着个性化场景感知、智能化推荐、智能化服务的方向发展。

二、人工智能与职业教育融合的因素分析

在人工智能时代加速到来的现实背景下，促进人工智能与职业教育的深度融合，不仅是人们对新时代职业教育现代化发展的期盼，也是社会经济发展形势对职业教育发展提出的现实诉求。职业教育只有以深刻的自我变革来回应这一诉求，才能赢得可持续发展的空间。

1. 社会发展新态势迫切需要人工智能与职业教育的深度融合

21世纪以来，人工智能技术在基础理论和基础算法等方面接连取得重大突破，之后它被迅速应用于众多生产生活场景之中。人工智能的浪潮已经开始席卷人类生产生活的各个领域，不仅推动着生产力飞速发展，也重塑着社会生产关系，引领社会发展新态势。职业教育作为与社会经济发展紧密相连的教育类型之一，也深受人工智能技术的影响。随着人工智能技术的广泛应用，全球经济步入深刻的变革期，这从不同层面促进了职业教育与人工智能走向深度融合。

首先,产业体系的转型升级促使人工智能与职业教育深度融合。人工智能崛起时正值我国产业体系转型升级时期,人工智能技术与自动化生产技术、信息技术的融合推动我国各大产业领域技术进行升级,不仅引发了产业生产形式的变革,也改变了岗位职业的内涵和形态,以机械性、重复性为特征的低技能劳动岗位大量消失,具备人工智能相关专业知识和技术技能的人才成为各类生产型企业竞相争取的"香饽饽",这些迫使职业教育必须调整人才培养的方向和规格,与人工智能全面融合。

其次,社会公共服务水平的提升促使人工智能与职业教育深度融合。人工智能对人类社会经济发展形势的改变是全面的,除了产业领域和商业领域之外,另一个人工智能大放异彩的领域是社会公共服务领域。人工智能在城市公共服务领域有着非常广泛的应用,小到民众水电气费缴纳,大到城市治安监控、交通管理等,人工智能都有着广阔的应用空间。2012年,我国开始实施智慧城市建设,这一措施显著提升了城市公共服务的供给水平,明显改善了人民群众的公共服务体验。职业教育作为社会公共服务的组成部分,也必须与时俱进,与人工智能深度融合,努力提升教育服务供给的水平和质量。

最后,国际竞争格局促使人工智能与职业教育深度融合。人工智能时代的国际竞争正在朝着科技水平竞争、创新能力竞争、人才竞争的方向迈进。职业教育作为我国技术技能人才队伍培养的"主阵地",在促进国家技术进步、创新能力建设、人才培养方面发挥着至关重要的作用。新形势下的国际竞争需要职业教育与人工智能深度融合,以支撑我国人工智能技术的研发和应用,从而提升我国的综合实力和国际竞争力。

2. 职业教育信息化生态建构迫切要求人工智能与职业教育深度融合

与人工智能时代相比,信息技术时代的来临较早,从20世纪下半叶开始,全球就已经开始步入信息技术时代,直到21世纪我们才逐步迈进人工智能时代。相应的,我国职业教育领域的信息化建设也比人工智能建设早得多。早在1999年,教育部就颁布了《关于进一步加强中等职业学校信息化建设的通知》,该通知要求加快中等职业学校信息化建设的步伐。2012年,教育部印发了《关于加快推进职业教育信息化发展的意见》,该意见要求把信息技术创新应用作为改革和发展职业教育的战略支撑,全面部署了职业教育领域的信息化建设工作。2017年,《教育部关于进一步推进职业教育信息化发展的指导意见》中提出我们要全面提升信息技术支撑和引领职业教育创新发展的能力,全面落实推进职业教育信息化发展的六大重点任务。在国家政策的长期引导和各项措施的持续推动下，我国已经基本建成了涵盖各类各阶段职业学校的信息化教育教学体系，职业学校基本具备了信息化教学能力。下一阶段，职业教育领域的信息化建设将朝着构建完整信息化教育生态的方向迈进，而要实现构建完整信息化教育生态的目标，就必须推进人工智能与职业教育的深度融合。

首先，在信息化教育环境建设方面，现有的职业学校信息化建设仍然存在片面化、碎片化的问题。要打通不同部门、不同教学单元的信息壁垒，就必须依托物联网、大数据以及云计算技术，而这些正属于人工智能的技术领域。职业学校通过人工智能与信息化建设的融合，可以创造智慧化的教学环境，为学生提供更好的学习体验、更高内容适配性和教学效率的教育系统。高职院校要想推进信息化建设迈向更高阶段，必须加快人工智能建设。

其次，在信息化教育资源建设和配置方面，现有的职业教育数字资源、网络资源已经拥有了比较庞大的基数，但这些教育资源质量参差不齐、共享层次低、推送不精准，尚未真正发挥出应有的价值和作用。新时期职业教育要构建信息化教育生态系统，就要提升数字化教育教学资源的建设水平，并促进不同地区、不同类型的网络教育资源共享，这就需要依托人工智能技术与信息化建设的融合。

最后，在教学体系革新方面，人工智能技术与信息技术的融合促进了教学技术的升级，催生了众多新型的教学方法，个性化教学、智能化教学和体验式教学从理想走进现实。在新时代条件下，职业学校有必要深化人工智能与教学体系的融合，不断创新教学方法、教学技术和教学手段，努力提高教学水平和教学质量，培养更多创新型、智慧型人才。

3. 技术与政策的双轮驱动为人工智能与职业教育的深度融合创造了条件

20世纪60年代至今，英美等发达国家的人工智能研究曾几度进入发展的高峰，但又屡次因为政府质疑相关研究项目的实际成果并中断对人工智能探索性研究的资助而陷入研究和应用的低谷。21世纪以来，随着新一代计算机运算性能的大幅度提升以及互联网信息数据量的几何级增长，人工智能技术研究的前景光明，美国、日本、英国等纷纷重新启动对人工智能相关研究的资助，使得人工智能技术实现了多方面的突破，成为全球新一轮科技和产业革命进程中的关键性技术。

人工智能的发展历程表明，国家政策支持是人工智能研究和应用的重要基础。就我国而言，为了实现在人工智能领域对发达国家的赶超，2015年7月国务院印发了《关于积极推进"互联网+"行动的指导意见》，该意见将"互联网+人工智能"作为主要的十一项行动之一，要求加快人工智能核心技术突破。2016年5月，国家发展改革委、科技部等部门联合发布了《"互联网+"人工智能三年行动实施方案》，其中明确提出到2018年，国内要形成千亿元级的人工智能市场应用规模，规划确定了在资金、系统标准化、知识产权保护、人力资源发展、国际合作和实施安排六方面重点支持人工智能研究和应用。2017年7月，国务院印发《新一代人工智能发展规划》，其中明确指出新一代人工智能发展分三步走的战略目标，要求到2030年使我国的人工智能理论、技术与应用总体达到世界领先水平，成为世界主要人工智能创新中心。在国家一系列重要政策的鼓励和支持下，国内的人工智能技术呈现出多点突破的态势，人工智能技术在产业生产、公共服务、商业经营、民众生活等众多领域的应用越来越广泛，全社会范围内人工智能的迅速发展为人工智能与职业教育的融合奠定了坚实的基础。

在教育领域，国家同样在强化人工智能研究和进行应用布局。中共中央、国务院印发的《中国教育现代化2035》提出建设智能化校园，推进智能化教学、管理与服务平台建设。《教育部 财政部关于实施中国特色高水平高职学校和专业建设计划的意见》中明确提出要加快智慧校园建设，促进信息技术和智能技术深度融入教育教学和管理服务的全过程，建设智慧课堂和虚拟工厂。在人工智能技术迅速发展、广泛应用以及国家政策的鼓励和支持下，我国人工智能与职业教育的深度融合已经拥有了充分的条件。

三、人工智能与职业教育深度融合的目标形态

人工智能与职业教育的融合并非是随意、主观、盲目的，基于人工智能的特性和职业教育的属性，"人工智能+职业教育"必然有其客观的融合规律，也有其内在的方向和目标。促进人工智能与职业教育深度融合，必须在深刻理解人工智能与职业教育两者属性的基础上，认清人工智能与职业教育融合的目标形态。

1. 针对受教育者的"软素质"培育得以彰显

在传统的个人能力素质模型中，人们通常把人的素质划分为智力因素和非智力因素。智力因素也可称为认知因素，包括感知能力、记忆能力、思维能力、想象能力等，是人的认知能力的总和。非智力因素又称非认知因素，指的是在人的智能活动中，不直接参与认知过程的心理因素，包括需要、兴趣、动机、情感、意志、性格等方面。在人的认知过程中，非智力因素对智力因素起着启

动、导向、维持和强化的作用。在我国的教育话语体系中,以读、写、听、说、算等能力为代表的认知能力通常被称为"硬素质",而以领导能力、想象力、创造力、价值观、人格品质等为代表的心理因素通常被称为"软素质"。早在1999年,《中共中央国务院关于深化教育改革,全面推进素质教育的决定》就明确提出,素质教育必须把德育、智育、体育、美育等有机地融合在教育活动的各个环节,学校教育不仅要抓好智育,更要重视德育,还要加强体育、美育、劳动技术和社会实践等的教育,使各方面教育相互渗透、协调发展,促进学生的全面发展。可以说,在人才培养过程中促进"硬素质"与"软素质"的有机统一、协调发展,一直都是我国教育事业发展遵循的基本方针。

在人工智能时代,人力资源素质结构中的"硬素质"大多数是人工智能具备的,也是人工智能擅长的。正因如此,不仅机械性、重复性的体力劳动正在被自动化生产取代,很多程序化、事务性的脑力劳动被智能软件替代的趋势也越来越明显。职业教育要实现可持续发展,就必须调整人才培养的重心和方向,及时把教育工作重点放在提高人工智能所不具备的学生感性认知能力、价值评判能力、审美能力、人际交往能力、领导能力、想象力、创造力等"软素质"上来,以更好地引导和推动人工智能发挥作用。

2. 针对受教育者的个性化教育得以扩充和释放

教育是培养人、发展人的活动,基于受教育者个性特点的不同,理想的教育也必然是高度个性化的教育,这也正是古人强调"因材施教"的缘由。但在工业化时期,集中化、统一化、流程化、标准化是产业生产的重要特征,与之相应的,班级授课制成为学校教育的主要组织形式。同一年龄段的学生在一样的教室使用同样的教学资源,学习同样的内容,教师运用统一的方法教授学生,又运用同样的指标和工具来评价学生的学习成果和能力水平。在这样的教育模式下,所有受教育者都被"一视同仁"地当作无差别的个体来培养,没有充分尊重学生的个性发展,也没有实施个性化教育的可能。

但是,在当今时代,依托人工智能技术的发展和应用,人性化教育、因材施教正在从理想变成现实。从产业发展角度来看,人工智能技术的迅速发展和广泛应用正在从根本上改变产业生产的组织形式和运作模式,企业对技术技能人才的素质结构要求正在从侧重"硬素质"向强调"软素质"过渡,这就要求职业教育人才培养突破标准化、统一化的模式,向着更精准、更柔性、更个性的培养模式转型。从职业教育的发展角度来看,"人工智能+职业教育"正在为职业学校颠覆传统教学模式、实施个性化教育开辟空间。首先,在互联网时代,数字化学习资源空前丰富，这些资源不仅种类多、数量大，而且表现形式也十分多样，几乎可以满足青少年学生所有的知识性学习需求。依托人工智能技术，职业学校可以实现数字化学习资源的智能整合和精准推送，根据每个学习者的学习兴趣、学习方向、知识基础和学习进度来推送教学资源，充分体现了个性化教育。其次，职业学校通过构建基于大数据的智慧云平台教学环境，可以全方位地收集学生在校园内的学习、生活信息并进行深度分析，形成每个学生个体的能力素质"画像"，让教师更客观、全面、清晰地了解班级中每位学生的个性特征、能力特长，从而有充分的依据来制订差异化、个性化的教学方案。

3. 教育资源配置上更加凸显公平共享

众所周知，我国是一个区域经济社会发展不均衡的国家，不同地域之间的科教文卫事业发展水平差异极大，由此也造成了全国范围内职业教育资源分配的不均衡。推动职业教育资源共享、实现职业教育公平，不仅成为人民群众内心的殷切期盼，也是我国全面建成小康社会、建设现代职业教育体系的必然要求。为此，《国家中长期教育改革和发展规划纲要（2010—2020年）》明确提出把促进教育公平作为国家基本教育政策。党的十九大报告提出要推进教育公平，努力让每个孩子都能享有公平而有质量的教育。《加快推进教育现代化实施方案（2018—2022年）》指出，推进教育现代化要以促进公平和提高质量为时代主题。《中国教育现代化2035》指出，推进教育现代化要着力提高教育质量，促进教育公平。尽管党中央、国务院高度重视教育公平问题，出台了一系列旨在促进教育资源公平共享的政策措施，但囿于种种现实条件，国内优质教育资源向"老少边穷"地区流动的规模仍然比较有限，难以满足广大农村地区青少年对优质教育资源的需求，这一问题在职业教育领域同样存在。

随着人工智能时代的到来，人工智能与物联网的深度融合，使职业教育资源的公平共享和合理配置成为可能。首先，基于"人工智能＋互联网"的数字化教育资源具有可复制的典型特征，与传统教育资源相比，数字化教育资源可以无限度地重复利用。在新的技术条件下，优质数字教育资源能够在不同职业院校实现共享，不仅方便快捷、成本低，还完全不会造成输出方的资源损失，由此避免了职业学校优质教育资源流失的问题，消除了职业教育资源均衡配置的一大障碍。其次，基于地区性的"人工智能＋互联网＋信息化教育平台"的建设，我们可以充分整合一市、一省甚至全国的数字化职业教育资源，这样职业学校的学生只要注册一个账号，就可以根据个人需要使用大量优质教育资源，从而大大提升了职业学校学生学习的便利性和教育资源利用的公平性。由此可见，人工智能与职业教育的深度融合，能够在很大程度上攻克传统职业教育体系中教育资源分配不均、教育不公平的"顽疾"，实现真正意义上的教育资源合理配置、公平共享，让职业教育朝着理想的方向更进一步。

四、人工智能与职业教育深度融合的实施路径

1. 构建人工智能与职业教育深度融合的生态系统

人工智能与职业教育融合的一个重大优势在于能显著提升职业教育资源的统筹层次和整合层次，人工智能与信息技术的发展，不仅能够极大地增加职业教育资源的数量，还能促进优质职业教育资源的合理公平配置，提升职业教育教学水平和质量。人工智能要整合不同地区、不同类型、不同层次的职业教育资源，就必须在全社会范围内构建起人工智能与职业教育深度融合的生态系统，为人工智能连接各类职业教育资源创造条件。在此过程中，政府、行业、企业都必须承担相应的职责，发挥各自应有的作用。

首先，政府要加强顶层设计，完善政策制度，聚集资金资源，全面支持"人工智能+职业教育"建设。近年来，中共中央颁布了一系列旨在推动人工智能建设、促进人工智能与教育融合的政策措施，但总体上看，我国人工智能发展政策的整体性、系统性还需要进一步提升，尤其是缺乏针对人工智能与职业教育融合的专项政策，这在一定程度上造成了职业教育领域的人工智能建设力度不足。因此，政府有必要加强顶层设计，进一步完善相关政策措施，同时要加大资金投入，吸引更多科研机构、企业共同投入智能职业教育建设，为人工智能与职业教育的融合提供更充分的政策保障、制度保障和物质保障。

其次，行业组织要加强行业、产业动态监测和分析研究，为智能职业教育建设提供信息服务。在人工智能时代，行业组织要提高对前沿技术动态和产业发展动态的敏锐性，加强人工智能与行业、产业互动关系的研究，并及时发布研究报告，为人工智能与职业教育的深度融合提供充分的信息服务。

再次，企业要深化组织变革，推进技术升级，积极参与智能职业教育建设。广大企业要切实深化生产模式、组织模式、经营模式的变革，推进技术升级，充分应用人工智能技术的发展成果，增强企业市场竞争力。与此同时，企业应当积极参与智能职业教育建设，与职业学校建立基于"人工智能+"的发展共同体，依靠多主体的合力推动自身人工智能建设，同时为职业学校提供更多的人工智能相关资源。

2. 搭建人工智能技术支撑的职业教育教学体系与管理体系

人工智能与职业教育的融合，根本在于人工智能与职业学校的融合。随着人工智能技术的迅速发展，当代人工智能已经具备了全面融入职业学校教学体系与管理体系的能力和条件。职业学校为推进人工智能与职业教育的融合，应着力加强智慧校园的建设力度，搭建好以人工智能技术为支撑的校园教学体系与管理体系。

首先，在智慧化教学体系建设方面，职业学校要重点加强智慧化教学模式和评价模式的建设。在人工智能时代，智慧化教学模式颠覆了传统教学模式，传统教学模式演化为以数字资源、信息化平台为主的人机交互式教学模式。职业学校要着力深化教学改革，顺应人工智能时代的教学模式变革，加强数字教育资源建设和信息化教学平台建设，为学校教师创新教学方式方法创造条件。职业学校教师要转变教学观念，积极运用人工智能的技术手段和方式方法实施教学，提升教学过程的先进性、科学性。传统的职业教育教学评价主要以结果为导向，既不全面也不精确，难以真实反映学生学习能力和学习成果的全貌。在人工智能时代，我们可以依托信息化平台记录学生的学习数据，并利用大数据分析技术，构建贯穿学生学习全过程的智慧化评价体系，从根本上解决传统教学评价片面、僵化的问题。高职院校要着力加强智慧化评价体系的建设，提高信息化教学平台的功能性，鼓励教师更多地通过人工智能技术来开展对学生学习能力和学习成果的测评。

其次，在智慧化管理体系建设方面，职业学校要重点加强教师培训体系建设和智慧化管理系统建设。职业学校进行智能教育建设，提高教师群体的人工智能知识水平、应用水平和教学水平至关重要。因此，职业学校必须重点加强教师培训体系建设。一是要建立健全有利于持续提升教师人工智能教学素养的培训制度，定期对教师进行培训，不定期检查教师运用人工智能技术和信息化平台开展教学的情况和成效；二是要建立智慧化教师培训平台，将教师培训平台与信息化教学平台融为一体，在教与学的互动中提升教师群体的人工智能教学素养。校园管理是职业学校建设的重要方面，校园管理向精准化、柔性化、智慧化、个性化发展是人工智能时代校园管理变革的趋势。职业学校要加强智慧化校园管理平台建设，建立覆盖教务管理、教学管理、学生管理、资源管理、流程管理的全模块智慧管理系统，以提高学校决策的科学性和管理的有效性，同时通过收集和分析师生的日常行为信息，为实施更高水平的管理服务提供依据。

3. 加强人工智能教育和伦理教育，提升学生"软素质"

人工智能时代的产业生产形态、商业经营业态和职业岗位形态都发生了深刻变革，全社会对技术技能的需求、对人才类型的需求较过去有了很大的变化。职业院校要充分利用好人工智能发展带来的机遇，及时转变人才培养方向和人才培养规格，更好地发挥职业教育的社会职能。人工智能与职业教育深度融合下的人才培养，需要重点承担起人工智能教育、伦理教育和"软素质"教育等方面的任务。

首先，要加强受教育者的人工智能素养培育。随着人工智能的功能越来越强大，应用范围越来越广泛，智能设备将逐渐成为基础设施，掌握与人工智能相关的知识和技能必将成为每个职业者必须具备的基本素质。在新的时代条件下，人工智能与职业教育的融合理应体现在人才培养的能力结构体系中。职业学校在推进智慧校园、智慧课堂建设的同时，应充实人工智能教学资源，提高人工智能教育在教学体系中的比重，将人工智能知识和技能教学纳入通识教育中，使学生拥有更好的人工智能素养。

其次，要加强人工智能伦理教育。人工智能技术的广泛应用在促进人类自我解放的同时，也引发了一系列的伦理讨论，如人工智能对人类智能的超越所引起的恐慌、大数据全面收集个人信息造成的隐私泄露、智能机器人与人自身的关系界定等。因此，职业学校有必要加强人工智能伦理教育，不仅要在日常教学中引导学生树立规范、安全使用人工智能技术和工具的意识，还要增设专业的伦理教学课程，赋予学生专业的伦理知识和方法论，帮助其正确思考和处理自身与人工智能的关系。

最后，要加强"软素质"教育。现阶段人工智能擅长的主要是自然语言、图像、声音等方面的识别、分析，与读、写、算相关的程序性工作将越来越多地由智能机器人承担。职业教育要培养适应人工智能时代社会经济发展的技术技能人才，就必须避开人工智能擅长的重点领域，着重突出学生的个体意志品质、审美、人际交往、创造力、想象力等"软素质"教育。为此，职业学校要着力加强人工智能教育、专业知识和技术教育以及人文学科教育的融合，甚至要更加注重人文学科教育，把"软素质"教育摆在更加突出的位置。与此同时，职业学校还要营造更加开放、包容、自由、宽松的文化环境和浓厚的人文教育氛围，依靠文化育人的力量来提升学生的"软素质"。

参考文献

[1] 陈磊. 大学生职业发展教育 [M]. 重庆：重庆大学出版社，2018.

[2] 崔邦军，薛运强. 大学生入学教育与职业发展规划 [M]. 北京：北京理工大学出版社，2018.

[3] 韩锡斌，葛连升，程建钢. 职业教育信息化研究导论 [M]. 2版. 北京：清华大学出版社，2019.

[4] 李红波. 职业教育信息化教程 [M]. 桂林：广西师范大学出版社，2013.

[5] 胡志雯. 教育信息技术与外语教师职业发展研究 [M]. 长沙：湖南大学出版社，2011.

[6] 林雯. 职业教育信息化教学设计 [M]. 北京：科学出版社，2018.

[7] 刘琴. 信息化背景下现代职业教育"双师型"教师培育研究 [M]. 北京：高等教育出版社，2018.

[8] 商桑，靳新. 云教学理论与实践研究 [M]. 北京：北京理工大学出版社，2017.

[9] 田秀萍. 职业教育资源论 [M]. 北京：光明日报出版社，2010.

[10] 许世建，张翌鸣，陶军明，等. 职业教育预测与规划 [M]. 成都：巴蜀书社，2010.

[11] 周建松，陈正江，吴国平. 高等职业教育创新发展行动计划精解 [M]. 杭州：浙江工商大学出版社，2017.